COMO VENCER UM DEBATE TENDO RAZÃO

HENRY BUGALHO

COMO VENCER UM DEBATE TENDO RAZÃO

POR UMA ÉTICA DO DEBATE RACIONAL

 Planeta

Copyright © Henry Bugalho, 2022
Copyright © Editora Planeta do Brasil, 2022
Todos os direitos reservados.

Preparação: Vivian Miwa Matsushita
Revisão: Caroline Silva e Alessandro Thomé
Projeto gráfico e diagramação: Maria Beatriz Rosa
Capa: Filipa Damião Pinto | Foresti Design

Dados Internacionais de Catalogação na Publicação (CIP)
Angélica Ilacqua CRB-8/7057

Bugalho, Henry
   Como vencer um debate tendo razão / Henry Bugalho. – São Paulo: Planeta, 2022.
   160 p.

Bibliografia
ISBN 978-65-5535-796-7

1. Discussões e debates 2. Ética 3. Argumentação I. Título

22-2874   CDD 302.346

Índice para catálogo sistemático:
1. Discussões e debates

 Ao escolher este livro, você está apoiando o manejo responsável das florestas do mundo

2022
Todos os direitos desta edição reservados à
Editora Planeta do Brasil Ltda.
Rua Bela Cintra 986, 4º andar – Consolação
São Paulo – SP – 01415-002
www.planetadelivros.com.br
faleconosco@editoraplaneta.com.br

Apresentação

Aqui divido com você a minha despretensiosa contribuição para uma ética do debate em tempos de tamanha divisão entre as pessoas – divisão tão visceral, e por vezes excessivamente agressiva, que beira a irracionalidade.

Ainda estudante de Filosofia, eu havia decidido seguir carreira fora da academia, dedicando-me à literatura e ao universo da ficção. Algumas décadas depois, arrastado pela força das circunstâncias e por um cenário político global polarizado, me encontrei diante de um enorme dilema: deveria encarar ou não o desafio de tentar popularizar certas reflexões filosóficas, com temas e questões comumente abstratos e muitas vezes incompreensíveis para os leigos? Seria possível despertar nas pessoas comuns, habituadas ao ritmo frenético da internet, o interesse pela filosofia, disputando espaço com vídeos de gatinhos, teorias conspiratórias, músicas do momento, tutoriais de maquiagem, receitas culinárias, entre outros milhões de conteúdos mais divertidos, apelativos, chocantes ou práticos?

Haveria espaço para o pensamento crítico em meio a tudo isso?

A decisão, muitos de vocês sabem qual foi.

Apesar de minha formação acadêmica ter sido orientada para a estética, isto é, a investigação sobre a obra de arte, e também direcionada à questão da verdade, ou seja, se existe algo que possamos chamar de "verdadeiro" – se há uma verdade absoluta e imutável atravessando todos os tempos; se ela é relativa e contextual, modificando-se e reconstruindo-se histórica e socialmente; ou se devemos ceder ao ceticismo e suspender nossos juízos diante da avassaladora variedade de hipóteses, proposições e conclusões sobre a realidade –, acabei me deparando com problemas imediatos, com questões políticas concretas, com movimentos populistas internacionais, com a ascensão de grupos extremistas de direita pelo mundo, incluindo o Brasil, e a constante ameaça que representam às democracias contemporâneas. Foi um percurso imprevisível: desde o universo de ideias e teorias filosóficas, atravessando o fantástico reino da ficção, até que, enfim, caí neste mundo real de pessoas reais com problemas reais.

E foi observando problemas palpáveis que afligiam a todos nós, analisando o discurso de diversos agentes políticos – candidatos, influenciadores, personalidades, por vezes até acadêmicos e intelectuais –, que me dediquei a analisar o modo como eles defendiam suas posições. Notei como frequentemente se muniam de uma argumentação falha, ou, o que me soava ainda pior, deliberadamente desonesta no intuito de convencer os demais.

Pois todos nós cometemos erros de raciocínio lógico, todos nós incorremos em inferências incorretas, todos nós cometemos algum tipo de falácias lógicas. Na maioria dos casos, fazemos isso por descuido ou desconhecimento; podemos até ser induzidos ao erro por informações incorretas ou incompletas ou por causa de agentes maliciosos. Aliás, há uma vasta literatura da Psicologia Cognitiva e Social que lida com os numerosos vieses de nossa mente,[1] isto é, distorções das nossas faculdades mentais que, embora turvem o nosso raciocínio, certamente serviram para nos manter vivos como espécie num mundo hostil e repleto de desafios práticos, consequência do longo processo evolutivo de nossa espécie e que nos trouxe até os dias de hoje.

Em essência, o ser humano não foi treinado para pensar estritamente de maneira racional e lógica. A nossa evolução (assim como a de qualquer outra espécie de ser vivo) visa, antes e acima de tudo, a nossa sobrevivência e a de nossa prole. Na savana africana, diante de uma ameaça, era muito mais importante para os nossos ancestrais simplesmente se salvar, fugindo ou lutando, do que ficar divagando sobre profundas questões filosóficas a respeito da natureza do medo ou do sentido da vida.

Portanto, o esforço do pensamento racional e da argumentação lógica é, de fato, uma tarefa consciente e, com frequência, trabalhosa. Mas, para que sejamos capazes de conceber e construir um argumento bem elaborado, precisamos aprendê-la. Não é uma habilidade intuitiva, embora todos sejamos dotados de uma lógica natural que nos serve para a maioria das situações cotidianas e, desse modo, sermos capazes de reconhecer com relativa facilidade uma argumentação claramente absurda. Por outro lado, a habilidade para identificar as sutilezas de uma argumentação errônea ou desonesta acaba por exigir uma boa dose de conhecimento e prática.

E se considerarmos que todos nós, em diferentes momentos do nosso dia a dia, precisamos expressar e defender bem as nossas ideias e pontos de vista, principalmente quando confrontados com posições que nos parecem opostas às nossas (especialmente as que soem

---

1. Um trabalho espetacular nesse sentido é o de Daniel Kahneman, em *Rápido e devagar, duas formas de pensar* (2012).

incorretas), conhecer as boas práticas de um debate e saber como evitar erros de raciocínio se tornam competências essenciais.

Num mundo ideal, tais habilidades de pensamento lógico e crítico seriam ensinadas nas escolas, para que desde cedo as crianças pudessem desenvolver essa capacidade de análise e de reflexão, este sim um ponto de partida basilar da própria atividade filosófica.

Pois aí se encontra o pilar fundamental do pensamento científico, por exemplo, e da possibilidade de olharmos para o mundo de maneira cuidadosa e criteriosa, permitindo-nos acessá-lo e compreendê-lo sem a venda do dogmatismo ou da irracionalidade.

Embora uma grande parte do pensamento filosófico contemporâneo tenha empreendido uma verdadeira guerra contra a noção de racionalidade ocidental, que, segundo certas perspectivas, serviria de fundamento para incontáveis formas de opressão e exclusão e que, de maneira até inquestionável, foi de fato uma ferramenta de dominação e discriminação, por outro lado, o irracionalismo decorrente dessa rejeição tampouco pareceu nos propiciar qualquer tipo de solução para os inúmeros problemas que nos atormentam.[2]

Além disso, a própria natureza do debate se degenerou para uma forma de disputa ou de confronto. Uma das grandes referências usadas pela extrema-direita brasileira é a obra do filósofo alemão Arthur Schopenhauer, disponível em suas diversas edições com os mais variados títulos, sendo um deles *Como vencer um debate sem precisar ter razão*, a partir do título mais usual *A arte de ter razão*.[3] Na obra, Schopenhauer

---

2. Em sua obra *O discurso filosófico da modernidade* (2000), Jürgen Habermas retraça o percurso desse embate que os filósofos modernos e contemporâneos da Europa continental empreenderam contra a razão e se esforça para propor uma saída a esse paradoxo de uma crítica racional à racionalidade por meio de um retorno ao espírito iluminista, sem ignorar suas contradições.
3. Texto escrito por Schopenhauer em 1830, com o título original *Die Kunst, recht zu behalten*.

expõe uma série de recursos ou estratagemas, muitos deles claras falácias lógicas, quando não insultos diretos, que, quando aplicados com maestria em um debate, desorientariam ou enganariam seu interlocutor ou a audiência, levando, assim, à vitória.

A própria noção de vencer ou perder um debate é, em si mesma, bastante problemática, porque encara a discussão como uma espécie de pugilato (ou esgrima) intelectual, uma briga entre dois opositores para descobrir qual deles é o melhor, o mais hábil, portanto o mais apto a ser admirado pelos demais. Nem seria preciso explicitar que, ao falarmos em vitória, se subentende que o objetivo primordial de qualquer debate honesto e criterioso se torna automaticamente secundário. Se a meta for a vitória, o importante não será ter razão de fato, mas simplesmente *parecer* ter razão. E aquele que parece ter razão é o extremo oposto daquele que busca, por meio da razão, a verdade das coisas. Um não poderia ser mais diferente do outro.

Aqui nos deparamos com um dos grandes problemas que já assolavam os filósofos atenienses do século 4 a.C. Segundo nos conta Platão, de um lado estavam os pensadores amantes do saber, os tais *filósofos*, enquanto do outro lado estariam os *sofistas*, mercenários do conhecimento que vendiam seus talentos oratórios para vencer os debates e as disputas nos julgamentos, ou professores pagos para ensinar truques retóricos aos filhos da aristocracia.[4]

Até onde sabemos, a representação feita por Platão dos sofistas não é das mais precisas ou honestas, ainda mais se pensarmos que muitos filósofos posteriores da tradição ocidental talvez se aproximassem mais da postura sofística do que da platônica. O modo como

4. PLATÃO, *Protágoras*, 313c. Tradução: Carlos Alberto Nunes. Belém: Editora da Universidade do Pará, 2002: "O sofista, Hipócrates, não será, porventura, uma espécie de mercador, ou traficante de vitualhas para alimentar a alma? A mim, pelo menos, é o que parecem ser".

retratamos nossos adversários para contaminar o que dizem também será um objeto da nossa ética do debate.

De todo modo, o livro de Schopenhauer não é um manual do sofista, ensinando as pessoas a fingirem que sabem o que não sabem ou a terem razão quando não têm – ele deixa isso bastante evidente logo na introdução de seu trabalho. Para o filósofo, o problema é ainda mais profundo: geralmente, quando nos envolvemos em um debate, *pensamos* ter razão e, só ao longo da discussão, vamos constatando se a temos ou não. Porém, movidos pela vaidade natural do ser humano, mesmo quando nos damos conta de que estamos errados, persistimos com o intuito de provar que estamos certos. Ainda assim, é explícito que qualquer um poderia se munir de tais estratagemas para se tornar um "campeão dos debates", encurralando seu oponente e destruindo-o por meio de brilhantes táticas argumentativas.

Mais uma vez, encontramos a clara distinção entre aqueles que incorrem em erros argumentativos por desconhecimento ou descuido e os que maliciosamente se armam de falácias para enganar seu debatedor. Nesse segundo sentido, os estratagemas seriam blefes – se o debatedor cair no blefe, eu ganho; senão, reforço minha posição e avanço para a próxima jogada.

Entretanto, em tese, o debate seria justamente uma busca conjunta pela verdade: um processo por meio do qual cada um dos debatedores exporia suas considerações, elaboraria seus argumentos, demonstraria a verdade de suas afirmações e, com integridade e critério, estaria disposto a reconhecer seu erro e aceitar a verdade, mesmo se esta for apresentada por um adversário. É isso que se denominou tradicionalmente na filosofia como *dialética*.

O fato é que esse tipo de troca argumentativa raramente se dá no mundo real, em especial quando falamos de questões políticas ou sociais altamente complexas, controversas e com vasta margem para intepretação. Talvez se dê, às vezes, entre amigos ou colegas, quando, em condições bem menos antagônicas, são capazes de recuar e de fazer concessões sem se sentirem humilhados. Ou talvez em situações privadas, quando os debatedores não estão diante de uma plateia, câmeras e microfones. Talvez este represente o tipo mais puro da dialética: dois participantes numa troca real de informações e considerações, sem a necessidade de um espezinhar o outro e cantar vitória no final.

Contudo, como afirma Schopenhauer, as pessoas são realmente movidas pela vaidade e deslumbradas pelo prestígio. Quem se envolve em debates públicos não quer apenas provar que tem razão e derrotar seu interlocutor, mas ser admirado pela plateia. Qualquer debate que se dê diante de um público já nasce contaminado pelo anseio humano por aceitação e aplausos. Nesse cenário, qualquer recuo ou reconhecimento de seu próprio erro pode ser interpretado como humilhação e, consequentemente, como derrota.

Somos, desde muito cedo, inculcados de um conjunto de valores que tende a exaltar os vitoriosos, os que atingem o topo, que chegam em primeiro lugar, que tiram as melhores notas – fomos criados numa cultura do acerto. Mas, ao analisarmos certas áreas de atuação, e até mesmo a própria experiência humana, individual e coletiva, não nos surpreende constatar que o nosso aprendizado se dá principalmente através da tentativa e do erro, e boa parte de nosso desenvolvimento existencial acontece na base da superação de nossos fracassos.

Nós somos bichos imperfeitos, que erram e fracassam o tempo todo enquanto louvam o acerto e o sucesso, talvez justamente por serem conquistas excepcionais. Como a norma é a perda, valorizamos de maneira desproporcional o ganho.

Mesmo num debate intelectual, que pertenceria a outro campo de experiência – o da racionalidade humana –, em vez de aceitarmos o aprendizado por meio de erros e fracassos, também nos sentimos tentados a *parecer* ter razão, o que acaba por se tornar muito mais vital do que ter razão *de fato*. Em suma, a tese central de Schopenhauer.

Com tudo isso em mente, eis a lista das questões que me atormentam e que abordarei nestas páginas:

1. Quando participar de um debate? Como saber se um debatedor está de fato em busca da verdade?
2. Como reconhecer e estruturar um argumento bem construído?
3. Quais são os estratagemas falaciosos utilizados em debates, de maneira intencional ou acidental, e como se defender deles?

Se conseguir responder a essas três indagações, acredito que terei prestado um enorme favor, no limite de minhas capacidades, para o debate público e, de maneira mais ampla, para a nossa própria construção do conhecimento.

Por que ser ético?

Um dos primeiros problemas da filosofia, ainda na Antiguidade, diz respeito ao melhor modo de nos comportarmos diante das demais pessoas e membros de nossa comunidade. Os filósofos se perguntavam qual é o comportamento correto, o que é ser justo, o que é ser bom e como, ao descobrirmos a resposta para esse tipo de pergunta, utilizar a nossa constatação a fim de aprimorar a vida coletiva.

A ética nada mais é do que um dos campos da filosofia que têm empreendido essas indagações e tentado suprir alguma explicação. Em sua origem grega, a palavra *éthos* (ἦθος) significa simplesmente "caráter" ou "natureza moral", e a ética, também denominada como filosofia moral, seria a investigação relacionada a essa nossa natureza.

Ao longo da história, três grandes correntes de pensamento ético acabaram se destacando:

A *ética da virtude*, como proposta por Aristóteles, sugere que o comportamento moral pode ser ensinado e aprendido; que alguém pode refinar a sua virtude, assim como um músico pode se aperfeiçoar em seu instrumento.

A *ética do dever* ou *deontologia*, presente na maioria das religiões, mas tendo o filósofo alemão Immanuel Kant como seu máximo expoente filosófico, explicita deveres e regras de condutas morais daquilo que é aceitável, à luz de mandamentos sagrados ou da razão, em nossas relações humanas. As palavras de Jesus "Ame a teu próximo como a ti mesmo" pertenceriam a essa corrente.

O *consequencialismo*, popularizado por pensadores utilitaristas como Jeremy Bentham e John Stuart Mill, defende que as ações humanas devem ser avaliadas de acordo com as suas consequências. Se o resultado for bom, a ação deve ser considerada boa.

Essas correntes, resumidas acima, e todas as demais vertentes éticas existentes partem do mesmo problema, mas chegam a respostas distintas (embora não sejam necessariamente excludentes) sobre quais seriam os melhores ideais ou práticas para o bem viver em sociedade.

Por isso, adotar uma postura ética para um debate racional é o único modo de estabelecermos uma troca intelectual honesta e produtiva, que gere conhecimento, resguarde a dignidade dos debatedores e aprimore o debate público.

Sumário

I A ética do debate 17

1. Vencer o debate ou não? Eis a questão! 19
2. O que é argumentação? 23
3. O que é a verdade? 27
4. Os perigos do dogmatismo 31
5. A ética do debate 35
6. Quem afirma tem de provar 41
7. O debate assimétrico nas redes sociais 45
8. A natureza do debate público 51
9. Quando o debate pode prejudicar a sociedade 55

II As falácias lógicas 63

10. O que são falácias lógicas? 65
11. Falácias que violam o critério da relevância 73
12. Falácias que violam o critério da aceitabilidade 95
13. Falácias que violam o critério de suficiência 107
14. Falácias que violam o critério da refutação 127

III O debate real 139

15. A hierarquia da argumentação 141
16. Como se dá o debate real 147
    Referências 153

A ética do debate

PARTE I

1. Vencer o debate ou não? Eis a questão!

Eu me recordo de um tempo – aliás, não muito distante – quando ainda era possível se sentar à mesa com alguém de quem discordássemos em praticamente tudo e, mesmo assim, ter uma conversa racional e aprendermos um com o outro.

Isso se chama diálogo. Numa época de polarização ideológica e política, como já se sucedeu em outros períodos históricos, a prática acaba sendo substituída por acusações e ofensas, o que fatalmente termina por vetar qualquer tipo de troca intelectual genuína entre duas ou mais pessoas.

Diálogos não são necessariamente debates. Um diálogo não precisa nem sequer ser amistoso, já que, mesmo entre amigos, temas mais espinhosos podem inflamar os ânimos. No entanto, um diálogo pressupõe pelo menos dois interlocutores, cada um expressando suas ideias quando lhe é cedida a palavra. Mesmo quando é movido mais pelas paixões, um diálogo pressupõe igualdade moral entre as pessoas; ambas fazem parte de uma atividade tipicamente humana e social, que envolve a criação de laços e o aprimoramento de relações, embora também possa levar à sua corrosão, uma vez que a comunicação é um profuso manancial de mal-entendidos.

Na filosofia, a forma do diálogo foi utilizada magistralmente por Platão como um recurso pedagógico sobre como ele compreendia, sendo um bom discípulo de Sócrates, a maneira pela qual se dava a busca pela verdade. Dois ou mais personagens se deparavam com indagações monumentais e, guiados por Sócrates, navegavam por um mar de incertezas, constantemente sendo fustigados pelas perguntas ou considerações perturbadoras que o filósofo lhes dirigia.

Já muito cedo na história da filosofia, os pensadores compreenderam que o percurso das ideias – aqui vou me recusar à falsa e fácil noção de progresso – ocorria justamente nesse embate entre posições diferentes, naquilo que chamaremos de debate, ou, para sermos mais precisos, de *dialética*, a busca consciente, por intermédio da argumentação racional, da verdade sobre determinado tópico.

Pois um debate é justamente isto: ideias e posições em disputa.

Então, imagine dois amigos sentados à mesa de um bar discutindo assuntos altamente controversos e para os quais a maioria de nós não tem uma resposta satisfatoriamente definitiva: aborto, pena de morte, eutanásia, vida após a morte, a existência de Deus (ou deuses), se somos livres ou não, o que é a justiça ou a verdade, ou seja, perguntas que assolaram pensadores desde tempos imemoriais e que continuarão a ser objeto de impasse no futuro. Um dos amigos adota uma posição; o outro, a contrária; e cada um, reunindo os argumentos que lhes parecem os mais coerentes e fatuais possíveis, emitem seus vereditos.

O objetivo de um debate desses é o convencimento do outro, partindo, obviamente, da crença de que eu tenho a razão quando se trata deste assunto em particular, de que eu sei qual é a verdade ou, pelo menos, de que eu tenho elementos convincentes o suficiente para poder afirmar que meu veredito é o mais próximo da verdade à qual podemos chegar neste momento. Mas a outra parte está convencida da mesma coisa.

Vemos, portanto, que o grande desafio de um debate como esse é provar que o outro está errado a partir de duas táticas principais:

1. Demonstrar que as premissas e/ou a conclusão da outra pessoa estão erradas, isto é, são falsas.
2. Provar que a argumentação do interlocutor é falha, ou seja, que a conclusão não se segue das premissas.[5]

No primeiro caso, precisamos nos concentrar nas provas ou evidências apresentadas como base para as premissas ou para a conclusão. Por exemplo, alguém afirma que, com base em certos estudos, temos fortes indícios de que a pena capital reduz crimes hediondos. Cabe ao debatedor questionar a validade de tais estudos (possivelmente apresentando outros que não estabeleçam os mesmos indícios), ou mesmo pôr em dúvida se há algum tipo de relação causal, isto é, se podemos concluir que a redução dos crimes hediondos não pode ser consequência de outras causas que não tenham nenhuma relação com a pena de morte.

Já no segundo caso, a dúvida não se volta para a verdade ou falsidade da afirmação a respeito da redução dos crimes, mas sim para a composição do argumento, se a conclusão (a redução dos crimes) se segue da punição (pena capital).

Mesmo sendo uma disputa de ideias, um debate não é, nem precisa ser, uma briga para estabelecer quem é superior, então a própria noção de "vencer um debate" é por si só bastante bizarra, pois teria como objetivo implícito derrotar o outro, independentemente de

---

5. Na Lógica, chamado de *non sequitur*, ou seja, não se segue.

terem avançado rumo à apreensão da verdade. Portanto, se você estiver se deparando com um debate cuja finalidade explícita é saber quem venceu ou perdeu, saiba que é uma cilada.

A vitória num debate deveria ser sempre compreendida como uma vitória coletiva, na qual as duas ou mais partes envolvidas saem aprimoradas, avançando rumo a um entendimento mais preciso sobre o mundo. E, se houver um público, que ele também fique com a sensação de que houve algum avanço em relação ao tema em questão, mesmo que signifique o reconhecimento de que não há uma resposta conclusiva no momento. O debate não é como um esporte competitivo, no qual você tem um claro vencedor, que é coroado com os louros da conquista. Num debate, se a vitória não for de todos, é porque todos, incluindo o próprio ato de debater, acabaram perdendo.

2. O que é argumentação?

Se um debate é uma troca de ideias em direção à verdade, nem tudo o que falamos serve como argumento. Um insulto, por exemplo, não é um argumento, embora seja considerado um ataque à pessoa, em vez de um confronto às ideias da pessoa.

Uma descrição, isto é, a apresentação de certas características ou elementos de um cenário ou de um indivíduo tampouco é um argumento. A narração ou o relato de uma história também não é um argumento, nem diálogos; embora possam servir para enriquecer ou esclarecer um argumento, atuam só como recursos retóricos.

Então, o que é um argumento?

Argumento é toda aquela construção de ideias que visa defender uma posição composta de premissas e de pelo menos uma conclusão. Para dar um exemplo, veja o silogismo mais clássico da lógica.

Todo homem é mortal.
Sócrates é homem.
Logo, Sócrates é mortal.

Nesse argumento, há duas premissas: todo homem é mortal e Sócrates é homem. E uma conclusão: Sócrates é mortal.

Premissa 1: Todo homem é mortal.
Premissa 2: Sócrates é homem.
Conclusão: Logo, Sócrates é mortal.

Porém, em geral, nos debates reais, naquilo que chamaríamos de lógica informal, raramente – ou melhor, quase nunca – veremos uma estrutura tão rigorosa e sistemática. Em nossas conversas cotidianas, incluindo quando argumentamos em defesa de alguma ideia, o modo como organizamos as nossas proposições pode ser extremamente desordenado, tornando-se bastante difícil identificar suas partes.

Vejamos um exemplo de argumentação informal, de uma conversa fictícia entre um casal planejando suas próximas férias:

Marido: "Fará muito calor no mês que vem. Vi um meteorologista na TV dizendo que este será o ano mais quente da história, quebrando todos os recordes. Deveríamos ir para um lugar fresco, talvez pra serra".
Esposa: "Eu acho que devemos ir à praia, assim poderemos nos refrescar no mar. Além de já termos onde ficar, pois a casa dos meus pais estará vazia. Sairá bem mais em conta".

Neste exemplo, o marido apresenta uma premissa: *fará muito calor no próximo mês*, afirmação respaldada por um argumento de autoridade, o meteorologista, que funciona como uma subpremissa, isto é, uma premissa de apoio à premissa principal. A partir disso, ele conclui que deveriam ir a um local mais fresco, nesse caso, para a serra.

A esposa não contesta a premissa do marido, talvez porque também tenha visto o mesmo meteorologista na TV ou não tenha as informações necessárias para contestá-la, quem sabe outra autoridade apresentando um cenário distinto. No entanto, a conclusão da esposa a partir da *mesma* premissa é diferente. Ela prefere ir à praia e apresenta duas novas premissas para sustentar sua conclusão: *podem se refrescar no mar* e *sairá mais barato, pois terão onde se hospedar*.

O diálogo poderia prosseguir com novas premissas sendo elaboradas até que um dos dois fizesse uma concessão e aceitasse a conclusão do outro, ou até que chegassem a um impasse, quando nenhum abre mão do proposto, ou pensassem juntos numa terceira alternativa satisfatória para ambos.

Apesar de pensarmos num debate como um confronto de ideias elevadas e que podem solucionar grandes problemas da humanidade, o fato é que, na maioria dos casos, a argumentação se dá em ocasiões bastante triviais, quando temos um adolescente tentando convencer sua mãe a deixá-lo voltar mais tarde da balada, sobre qual melhor rota devemos pegar para evitar um congestionamento, sobre a que restaurante iremos no sábado à noite ou sobre qual série assistiremos no fim de semana.

Vale lembrar, no entanto, que a argumentação racional é diferente de juízo de gosto. Se alguém disser "Quero ver o novo filme da Marvel porque gosto muito dos personagens" ou "Gostei bastante desta blusa porque verde combina com você", não se trata de argumentação, pois a conclusão não se segue de premissas que possam ser verificadas como verdadeiras ou falsas no mundo real.

Que alguém goste de certa coisa, ou a ache bonita, é o tipo de julgamento bastante individual e que não tem a pretensão de ser um critério absoluto de verdade e que deva servir como referencial para todas as demais pessoas.[6] Se você curte pizza de calabresa, não significa

---

6. Na verdade, há todo um campo de investigação na filosofia em constante debate a respeito do tema, a estética, sobre se é possível fazer juízos universais em relação à beleza ou determinar critérios que nos permitam avaliar o que é uma obra de arte,

que todo mundo também deva gostar. Se você acha Picasso o melhor pintor de todos os tempos, ninguém é obrigado a concordar com você, embora duas das obras do artista estejam entre as vinte mais valiosas do mundo hoje – mas este não é um argumento válido para justificar mérito artístico.

No entanto, quando você argumenta sobre um assunto como a descriminalização do aborto, porte de armas ou legalização da maconha, trata-se de posturas que não afetam apenas a sua vida, mas a dos demais participantes da sociedade em que você vive. Nesse sentido, está defendendo noções que não valem apenas para o modo como você entende a realidade e deseja reger sua própria existência, mas que devem servir para persuadir os demais de que são verdadeiras e, por isso, também devem servir como normas sociais.

Veja que mesmo a discussão do casal sobre onde passará as férias também está pautada na tentativa de convencer outro sujeito racional com base na força dos argumentos, e não apenas porque um prefere ir, por gosto pessoal, para a serra ou para a praia.

Portanto, argumentação é toda aquela sustentação verbal de defesa de uma posição, podendo ocorrer tanto num profundo debate filosófico como numa decisão doméstica trivial, seja ela sobre trocar ou não o carro, seja ela sobre comprar um cachorro.

---

e, como se pode imaginar, até o momento não há nenhuma conclusão definitiva ou consensual sobre o assunto.

3. O que é a verdade?

Como dissemos, há uma vasta discussão na filosofia sobre a questão da verdade. O que é, afinal, a verdade? Existe uma verdade ou não? Se existe, podemos acessá-la? A própria noção de verdade é um tipo de regime de dominação e opressão? Há muitas outras indagações a respeito da natureza da nossa relação com a possibilidade de conhecermos a realidade tal qual ela é. Assim como se dá com outros temas de debate na filosofia, estamos longe de haver encontrado qualquer tipo de consenso ou de encerramento da questão.

No entanto, quando falamos de argumentação lógica, mesmo em situações cotidianas e triviais, partimos, ainda que inconscientemente, de um pressuposto: existe uma posição racional, que normalmente entendemos como a mais próxima de uma verdade possível.

Isso quer dizer que, uma vez que nos empenhamos num debate, estamos concordando com algumas regras, sendo que a principal delas é a de que a nossa argumentação faça sentido para quem nos ouve, ou pelos menos aparente fazer, ou seja, se não for, ao menos deve parecer ser racional.

E essa noção de racionalidade, que perpassa boa parte da própria história da filosofia, desempenhando um papel crucial nos sistemas de pensamento modernos, tem como ponto de origem certos princípios elementares.

Um desses princípios é o da *não contradição*, segundo o qual duas afirmações contraditórias não podem ser verdadeiras ao mesmo tempo. Um exemplo seria que "o homem está morto" e "o homem não está morto" não podem ser verdadeiras ao mesmo tempo. Se uma for verdadeira, a outra será necessariamente falsa, como dita outro desses princípios, a *lei do terceiro excluído*, isto é, de que não há uma terceira posição.

E, antes desses dois princípios elementares da lógica, temos o primeiro de todos, o da *identidade*, que determina que todo objeto é idêntico a si mesmo, ou seja, uma coisa é o que ela é. Por exemplo, um cachorro é um cachorro, não é uma vaca nem uma pessoa.

Esses três princípios do raciocínio lógico podem parecer óbvios, mas é surpreendente o número de vezes que são violados em qualquer tipo de debate, pois as pessoas são contraditórias e comumente têm dificuldades para enxergar suas próprias contradições quando se expressam.

Alguns autores chegam a propor que, em um debate, sequer nos orientamos necessariamente pela verdade, mas pela razoabilidade. Por meio da apresentação de argumentos razoáveis, com premissas e conclusões que deveriam ser aceitas por qualquer outra pessoa racional, seria possível convencê-la da força de nossa posição intelectual. E isso surge da constatação de que ambas as partes em um debate pensam estar defendendo a verdade, apresentando-a de maneira argumentativa e levando em consideração o princípio da não contradição antes exposto. Como frequentemente há dois debatedores defendendo posições contrárias, nós nos deparamos com uma situação em que apenas um dos dois pode ter razão (ou estar afirmando a verdade) e o outro não, ou ambos estão errados. Sob nenhuma condição os dois podem estar certos ao tratar de determinados temas.

É claro que na conversa entre marido e mulher sobre o destino das férias, além do caráter trivial da decisão, não há um certo ou errado necessariamente, porque se trata de uma questão de preferências. O marido prefere a serra; a mulher a praia. O debate pretende ser mais de convencimento para uma tomada de decisão do que de uma busca pela verdade final.

Mas, quando se tratam de outros temas, principalmente relacionados à moral, à epistemologia ou à metafísica, a aproximação à verdade por meio da razoabilidade dos argumentos se torna central. Na discussão envolvendo a existência de Deus, por exemplo, só há duas respostas possíveis, sendo uma verdadeira e a outra falsa. Deus existe ou não existe. Não é possível que ele exista e não exista ao mesmo tempo.

Caso exista, surgem muitos outros problemas. Qual é a natureza de Deus? É apenas um ou são muitos? É impessoal ou é personalizado? Se importa ou não com os destinos dos mortais? Existia anteriormente, mas depois deixou de existir? Se Deus criou o mundo, quem criou Deus? Se não existir, quais são as respostas para os mais variados fenômenos? Quem criou o Universo e qual é o sentido da vida humana na ausência dessa noção transcendente? Essas são dúvidas, algumas filosóficas, outras teológicas, decorrentes da aceitação da existência de uma ou mais divindades.

Mas, repito, a pergunta inicial – Deus existe? – só comporta duas respostas: sim ou não. E é aí que reside a verdade sobre o tema.

Como você pode imaginar, para várias questões desse tipo e muitas outras, não temos uma resposta fechada nem absoluta. Se você fizer a mesma pergunta para fiéis das mais distintas religiões, obterá as mais distintas respostas, bem como para aqueles que não frequentam religiões institucionais ou que não têm fé.

Para muitas indagações, há um grau maior ou menor de certeza sobre a probabilidade da resposta, enquanto para outras, a resolução mais prudente é simplesmente a suspensão do juízo: não sabemos, portanto, como não temos as condições para encontrar a verdade, continuaremos investigando – postura cética tradicional.

De todo modo, qualquer debatedor intelectualmente honesto sabe que, embora ele tenha as suas convicções sobre determinado assunto e acredite saber a verdade, ele pode estar errado, e seu debatedor, certo. Essa é a única disposição possível para um debate ético.

Se um dos debatedores for incapaz de reconhecer a sua falibilidade, isto é, que ele pode não ter razão, o debate será infrutífero, pois apenas os dogmáticos são incapazes de reconhecer que eles não são os donos da verdade. O debate entendido como disputa, com o intuito de sobrepujar e humilhar o adversário, é a consequência inevitável da discussão com um ou mais dogmáticos.

Portanto, a busca pela verdade em um debate parte de dois pressupostos: que ele se dê de maneira razoável; e que todas as partes sejam capazes de aceitar o fato de não terem razão.

4. Os perigos do dogmatismo

O termo "dogmático" não designa apenas a adesão, comumente irrefletida, a certas noções religiosas. Inclusive, já na Antiguidade, os céticos gregos o utilizavam para se referir a certas correntes filosóficas que se propunham como detentoras da verdade.

Os céticos empreendiam um verdadeiro confronto com os dogmáticos, pois, para eles, o dogmatismo se propõe a enunciar afirmações sobre coisas não evidentes como se fossem evidentes, ou seja, a afirmar como verdadeiras coisas que não sabemos se são verdadeiras ou não, enquanto, ao mesmo tempo, há várias outras afirmações contrárias igualmente plausíveis proferidas por outros dogmáticos igualmente convencidos de que sabem qual é a verdade.

Não são só debates calcados em argumentos mal elaborados que contaminam uma troca de ideias racionais. Outra grande força é a defesa dogmática.

Embora os objetivos, os objetos de investigação e os métodos da filosofia e da ciência possam divergir drasticamente, se há algo que unifica os dois saberes, para qualquer um que se dedique a estudar suas respectivas histórias, é a compreensão de que o nosso conhecimento humano é incompleto e imperfeito; que sabemos bem pouco do vasto mistério do Universo e dos fenômenos que o compõem, incluindo a própria existência humana.

Além de nosso conhecimento ser incompleto e imperfeito, boa parte de nossas conclusões sobre a realidade também é provisória. Essa é a resposta que temos neste exato instante, porém nada pode nos assegurar com cem por cento de certeza que, amanhã, algum cientista ou intelectual não vá encontrar evidências que nos obriguem a revisar o nosso conhecimento sobre determinado fenômeno.

O filósofo Karl Popper estabelece a *falseabilidade* como um dos critérios de demarcação da ciência, isto é, que uma hipótese ou teoria científica, mais do que ser passível de verificação – ou seja, que possa ser confirmada em alguma instância –, deve apresentar também as condições de seu falseamento. Isso significa que, caso surjam evidências que demonstrem a falsidade de uma hipótese ou teoria, ela deve ser abandonada.

Embora haja um prolongado debate na filosofia da ciência sobre a validade do falseamento, quando Popper propôs o critério, tinha em mente inúmeras afirmações pseudocientíficas e que jamais podiam ser contestadas, pois, uma vez que surgiam evidências contrárias, tais hipóteses eram reformuladas para comportar tal "exceção", aquilo que se costuma chamar como hipótese *ad hoc*. Podemos incluir no rol de pseudociências uma série de campos distintos, como a astrologia, a homeopatia, a cura com cristais etc., mas Popper tinha em vista dois alvos bastante específicos: a psicanálise e o marxismo. Para ele, deveriam ser considerados pseudociências justamente porque, quando confrontados com qualquer evidência contrária capaz de refutar suas principais hipóteses, acabavam por ser remendados com hipóteses *ad hoc*, isto é, criadas com a simples finalidade de tapar os buracos na teoria, de modo que se tornavam irrefutáveis e seus adeptos sempre se desdobrariam em malabarismos argumentativos para defendê-las.

Isso não significa, obviamente, que tanto os trabalhos de Freud quanto os de Marx não representaram enormes marcos do pensamento moderno, que abriram portas e possibilidades para inúmeras investigações sobre a mente humana e nossas sociedades. Aqui, vamos nos concentrar na crítica de Popper ao dogmatismo, que se volta mais à incapacidade de reconhecer os limites do nosso conhecimento e como ele é completamente suscetível de ser demolido por abalos sísmicos em seus fundamentos.

Tanto na ciência quanto na filosofia, qualquer pessoa seriamente comprometida com a investigação e com o conhecimento deveria estar disposta a revisar e contestar suas bases teóricas e até abandoná-las caso se mostrem insuficientes – ou falsas – para o entendimento esclarecido do mundo.

Assim como propomos que um debatedor, como postura ética e de honestidade intelectual, deve reconhecer de antemão que talvez não tenha razão sobre o tópico em discussão e que talvez a verdade esteja com seu interlocutor, no fundo, o reconhecimento é por si só uma atitude antidogmática: "Tudo me leva a concluir isto, mas eu posso estar completamente errado" é o tipo de afirmação que jamais ouviremos da boca de um dogmático, embora seja, ou devesse ser, o espírito dominante entre muitos cientistas e filósofos.

Desse modo, um debate não é um processo para confirmar que eu estou certo, mas uma prática de aproximação genuína a uma visão mais precisa e apropriada sobre o mundo. Esse é um dos principais motivos por que acabamos assistindo a tão poucos debates produtivos e que realmente apontem para um avanço no conhecimento, pois, em última instância, trata-se de debatedores dogmáticos em suas certezas inquestionáveis e incapazes de aceitar as limitações das ideias às quais se agarram como se sua própria existência dependesse delas.

5. A ética do debate

Um debate em busca da verdade tem um ponto de partida completamente distinto daquele que visa vencer o adversário, o que, em essência, tem a ver com a própria ética de um debate racional. E, se você quiser revelar a verdade, antes e acima de tudo, precisa se ater à busca e aos critérios necessários para alcançá-la.

É claro que poderíamos nos dedicar longamente sobre o que é a verdade ou se ela de fato existe, mas, para não nos perdermos em digressões que nos afastariam do ato de debater, nos fiaremos numa definição problemática, porém minimamente satisfatória, de "verdade" como aquilo que enuncia o mundo tal qual ele é. Essa definição é problemática porque está longe de esgotar as principais reflexões sobre o tema, tampouco nos ajuda a compreender suas particularidades e limitações. Contudo, nos fornece um solo elementar sobre o qual poderemos avançar.

Portanto, aqui temos dois pressupostos:

1. um debate genuíno, ético e produtivo é uma busca pela verdade;
2. a verdade é apresentar discursivamente as coisas como elas são.

Disso podemos inferir que a ética de um debate está intimamente relacionada ao modo como os debatedores se comportam durante a discussão de modo a atingirem, se possível, a verdade sobre determinado tema ou problema. Em outras palavras, todos os participantes deveriam compartilhar desse mesmo *ethos*.[7]

Levando em consideração as mais distintas motivações que induzem as pessoas ao debate, certamente nos depararemos com situações nas quais um dos debatedores, se não os dois, está mais preocupado com o prestígio, com a satisfação pessoal, com os louros da vitória, do que realmente com a verdade. Nesse caso, o compromisso ético é ignorado, e, em seu lugar, assume o espírito de competição e de supremacia sobre o interlocutor.

Mas quais seriam tais princípios éticos de um debate saudável?

Em sua obra *Attacking Faulty Reasoning*,[8] o filósofo T. Edward Damer propõe princípios éticos para uma argumentação racional. Tais princípios parecem constituir o comportamento essencial para qualquer debate minimamente ético sobre qualquer assunto, porque consideram que os interlocutores estão dispostos a agir com integridade tanto durante a investigação quanto ao longo da exposição das conclusões, suas e de seu interlocutor. São eles:

1. *Princípio da falibilidade*: reconhecimento de que talvez não tenhamos razão em um debate.
2. *Princípio da busca pela verdade*: de maneira mais simplificada, correspondência aos fatos e às evidências disponíveis.

---

7. O termo grego *éthos* designava originalmente práticas e costumes, mas na época atual é usado para se referir à postura, à disposição ou aos valores de um indivíduo ou grupo.
8. DAMER, T. E. *Attacking Faulty Reasoning*. Belmont: Wadsworth Thomson Learning, 2001.

3. *Princípio da clareza*: expressão de ideias e argumentos da maneira mais clara possível, sem ambiguidades, confusão ou jargões obscuros que dificultem a compreensão.
4. *Princípio do ônus da prova*: aquele que faz uma afirmação deve apresentar as provas necessárias para justificá-la.
5. *Princípio da caridade*: ao confrontar os argumentos do adversário, deve-se expressá-los em sua forma mais forte, de modo a atacar a melhor versão do argumento. Caso o argumento do interlocutor não seja claro, deve-se dar a oportunidade para que ele possa esclarecer o que quer dizer.
6. *Princípio da relevância*: deve-se apresentar apenas as razões que estejam diretamente vinculadas às posições defendidas.
7. *Princípio da aceitabilidade*: esforçar-se para elaborar os argumentos de modo que sejam racionalmente aceitáveis para ambos os debatedores.
8. *Princípio da suficiência*: apresentar razões suficientes em número, tipo e impacto para sustentar a conclusão.
9. *Princípio da refutação*: embora seja raro em debates, defende que um debatedor, na estrutura de seu argumento, expresse também as eventuais contestações para as ideias defendidas, de modo que já possa antecipar os ataques mais consistentes contra sua posição.
10. *Princípio da resolução*: uma vez que os argumentos tenham sido apresentados da maneira mais racional e coerente concebível, ambas as partes devem estar dispostas a chegar a uma resolução satisfatória, reconhecendo de comum acordo que um dos argumentos foi defendido com maior rigor e com justificativas mais sólidas do que o outro.
11. *Princípio da suspensão do juízo*: se os debatedores entenderem que são incapazes de chegar a uma resolução a partir dos argumentos apresentados, devem concordar em suspender o juízo (provisoriamente)

sobre o tema, aceitando que não é possível chegar a uma conclusão satisfatória naquele momento.
12. *Princípio da reconsideração*: os debatedores se comprometem a revisitar a questão, caso novas evidências se tornem disponíveis, e a avançar o debate.

Um enorme obstáculo a esses princípios se deve a questões já expostas, mais vinculadas a aspectos emocionais e de prestígio dos debatedores do que puramente intelectuais. O fato é que é muito difícil para qualquer um de nós reconhecer publicamente que estamos errados e, mais ainda, que empreendemos o esforço diante dos demais de defender posições equivocadas. Não é por acaso que tanta gente insiste, mesmo diante de provas incontestáveis de seu erro, em defender ideias completamente absurdas e, acima de tudo, falsas.

Se o debate fosse um jogo, com regras formais como o xadrez, o boxe, o futebol ou o basquete, seria muito mais simples identificar e penalizar violações das regras ou pontuar os acertos, podendo-se avaliar no final quem venceu ou perdeu.

É claro que qualquer um que tenha um conhecimento de lógica e de falácias pode, depois de finalizada a discussão, analisar com facilidade quais foram os erros argumentativos e quem se saiu melhor ou pior, principalmente quando há a possibilidade de verificar as informações e evidências apresentadas e constatar sua veracidade e solidez. Isso é muito mais complicado de ser feito no calor do debate, e, frequentemente, o vencedor não é aquele que enuncia os melhores argumentos racionais, mas aquele que acaba apelando para artifícios retóricos, de alto apelo emocional, conquistando e persuadindo a plateia. Também não é impossível nos depararmos com debates nos quais os participantes de fato aderem a princípios éticos, e o resultado costuma ser extraordinário, tanto para quem participa deles como para a audiência.

Embora o próprio Schopenhauer tenha dissertado sobre o assunto e apresentado vários estratagemas para vencer, ele também tinha a plena consciência de que esse tipo de discussão carecia de valor de verdade, e, quando expõe o mais baixo deles, os ataques ao interlocutor – chamado por Schopenhauer como *argumentum ad personam* –, o filósofo inclui uma observação, extraída de Aristóteles, de que não se deve debater com qualquer pessoa, mas apenas com aquelas que você sabe que serão capazes de debater de maneira razoável e – por que não? – ética.

Sabemos que, em muitas ocasiões, isso nem sequer é uma escolha que nos é dada. Simplesmente nos deparamos com algum tipo de troca mais acalorada de ideias, que até poderíamos chamar de debate, sem qualquer conhecimento prévio de quem é o nosso debatedor e se devemos confiar que ele respeitará qualquer tipo de princípio ético e racional. Às vezes, só nos damos conta de que nos metemos numa furada após termos desperdiçado muito tempo dando murro em ponta de faca.

Porém, compreender que há, sim, uma postura ética a orientar os debates e outras pessoas dispostas a atuarem de acordo com ela deveria nos bastar para insistir em defender a racionalidade e a integridade nesse tipo de interação intelectual. Também pode nos preparar para quando nos depararmos com situações nas quais essa postura não estiver presente; quando tivermos a escolha de prosseguir no debate, talvez até recorrendo a artifícios retóricos (e não mais apenas lógicos) para sairmos vitoriosos, ou simplesmente nos recusarmos a continuar.

Ainda voltando à analogia dos jogos, é como se nos encontrássemos numa partida de xadrez ou numa luta de boxe na qual o adversário ficasse o tempo todo mudando as regras ou as violando para ganhar, enquanto nós nos manteríamos fiéis a elas por uma questão de princípios. É evidente que um oponente desleal acaba levando vantagem contra quem adere às regras, mesmo sabendo que o levará à ruína.

Por outro lado, no fim tudo se resume a uma escolha racional e moral: "É assim que devo proceder? Esta é a imagem que eu quero projetar?".

Afinal, vale tudo?

6. Quem afirma tem de provar

Um dos princípios mais elementares de qualquer argumentação racional – também do direito – é o de que quem faz uma afirmação, ou acusação, deve prová-la. Ao apresentar suas regras para um debate crítico, o lógico Douglas Walton afirma categoricamente: "A pessoa que propõe um ponto de vista é obrigada a defendê-lo, caso venha a ser solicitada".[9]

Isso pode ser observado em qualquer dissertação acadêmica, que essencialmente se estrutura a partir de uma afirmação, e todo o desenvolvimento se compõe das provas para sustentar a tese apresentada. Chamamos essa exigência de *ônus da prova*.

A título de exemplo, vamos supor que, num debate sobre segurança pública, de um lado, há um defensor do uso de armas pela população como medida preventiva e, do outro, um desarmamentista.

Argumento do debatedor 1 (armamentista): "O cidadão não deve depender do Estado para sua defesa, pois o tempo que a polícia leva para atender a

---

[9]. WALTON, Douglas. *Fundamentals of Critical Argumentation*. New York: Cambridge University Press, 2006, p. 177.

uma ocorrência pode ser uma questão de vida ou morte. Sendo assim, o direito de portar armas para autodefesa é essencial".

Argumento do debatedor 2 (desarmamentista): "Não há nenhum indicativo de que pessoas armadas consigam se defender de maneira eficaz contra crimes, pelo contrário, isso aumenta as probabilidades de um roubo se tornar latrocínio caso a vítima tente reagir ou, na melhor das hipóteses, a arma do cidadão pode acabar nas mãos dos infratores".

Aqui temos duas posições contrárias: uma de que estar armado aumenta a segurança das pessoas; outra de que estar armado aumenta os riscos. Nesse debate, para que cada debatedor possa fortalecer seu argumento e justificá-lo, cabe a eles apresentar um número suficiente de evidências, que são os dados da realidade que os levaram a tais posições.

O primeiro debatedor deve apresentar estatísticas, casos particulares, informes policiais, relatos de pessoas que conseguiram se defender munindo-se de uma arma de fogo, enquanto o segundo teria de trazer informações relacionadas a latrocínios decorrentes de uma tentativa de autodefesa, bem como informações referentes a armas de fogo legais que acabaram nas mãos de criminosos. Quanto mais confiáveis forem as fontes, mais robusta será a sustentação da posição. Por exemplo, dados oficiais governamentais tendem a ter um grau de confiabilidade maior do que aqueles de organizações que claramente defendem uma posição (pró ou contra o armamento).

Já relatos anedóticos, como o caso de uma dona de casa armada que se salvou de um estupro, ou de um capitão do exército armamentista que teve sua pistola Glock e sua moto roubadas sem que ele reagisse ao assalto, podem dar um tempero ao argumento, mas raramente contam como ingrediente. Casos isolados são justamente isto: casos isolados.

Dito isso, é importante advertir sobre dois pontos cruciais.

O primeiro deles diz respeito aos debates para os quais não temos evidências comprobatórias que sirvam de sustentação razoável para determinado argumento. Debates metafísicos ou teológicos são repletos de argumentos dessa natureza. Como comprovar a existência de Deus? Quais evidências concretas e reais nos bastariam para provar a realidade de uma entidade imaterial e transcendental? Como provar a existência e a natureza da alma humana? Como assegurar se milagres da fé ocorreram de fato ou não? A divina concepção de Jesus ou sua ressurreição no terceiro dia são fatos ou alegorias bíblicas?

Para um fiel cristão, a própria crença e a convicção interna decorrente da fé prescindem de quaisquer evidências. Aliás, se houvesse evidências para certas afirmações bíblicas, não seria uma questão de crença, mas de certeza empírica. No entanto, para quem não crê, o problema das provas é primordial.[10] "Ver para crer", como diz o ditado.

Ainda aproveitando o gancho da fé, devemos mencionar um segundo aspecto, conhecido como *inversão do ônus da prova*. É um recurso retórico (e falacioso) que visa driblar o princípio de que "quem afirma deve provar" e transfere essa incumbência ao interlocutor. Voltando à questão da existência de Deus, seria o mesmo que, em vez de apresentar as provas necessárias de que Deus existe, se exigisse que o seu adversário apresentasse as provas da não existência de Deus. Trata-se de uma dupla trapaça, pois, além de inverter o ônus da prova, ou seja,

---

10. O cientista e divulgador Carl Sagan (2006) utiliza a imagem de alguém afirmando que há um dragão invisível em sua garagem, porém não há métodos para detectar sua existência. Então, afirma Sagan: "Ora, qual é a diferença entre um dragão invisível, incorpóreo, flutuante, que cospe fogo atérmico, e um dragão inexistente? Se não há como refutar minha afirmação, se nenhum experimento concebível vale contra ela, o que significa dizer que o meu dragão existe? A sua incapacidade de invalidar a minha hipótese não é absolutamente a mesma coisa que provar a veracidade dela. Alegações que não podem ser testadas, afirmações imunes a refutações não possuem caráter verídico, seja qual for o valor que elas possam ter por nos inspirar ou estimular nosso sentimento de admiração".

pedir que o outro prove a falsidade de suas afirmações, aqui há o que se chama de "prova diabólica", que é a impossibilidade de provar a não existência de algo.

Pensemos no seguinte cenário: seu tio afirma ter visto o chupa-cabra certa noite na floresta. Você, como o bom cético que é, só acredita vendo.

"Tem como provar isso?", você pergunta a seu tio.
Mas ele responde: "Tenho certeza do que vi. E você? Tem como provar que o chupa-cabra não existe?".

A prova diabólica exige que você percorra toda a superfície do planeta Terra na tentativa de provar que não há chupa-cabras em nenhum lugar, e mesmo assim, como você não pode estar em todos os lugares ao mesmo tempo, é impossível que você chegue à constatação absoluta de que essa criatura não estava escondida em outro lugar enquanto você empreendia a sua busca.

Portanto, por definição, o ônus da prova sempre recai sobre quem faz uma afirmação. Se for defender uma posição, cabe a *você* reunir as evidências para assegurar que *você* tem razão.

7. O debate assimétrico nas redes sociais

Se você for um usuário de algumas das principais redes sociais, já deve ter se deparado com a seguinte situação: alguém faz um comentário trivial, sem grande sofisticação e que, via de regra, nem sequer consideraríamos como sendo um argumento no sentido mais específico.

Em seguida, essa pessoa, principalmente se for alguma celebridade, jornalista conhecido ou influenciador, passa a receber inúmeras respostas que estão claramente distorcendo sua posição inicial. Por isso, ela tenta se justificar e explicar melhor o que queria ter dito, para ser mais uma vez confrontada com intermináveis levas de respostas deturpando mais uma vez o que foi dito.

Isso acontece com bastante frequência na esfera política, num tipo de espaço de debate cada vez mais polarizado e no qual é quase impossível encontrar um solo comum. Muitas vezes, os vários interlocutores não conseguem nem sequer concordar sobre qual evidência é satisfatória, o que serve como prova ou qual autoridade é realmente relevante para o tema.

É uma cacofonia de debatedores, posições, argumentos e opiniões que fogem totalmente do esquema dialético clássico que vimos no

Capítulo 1, no qual uma parte apresenta sua posição e a outra responde, e assim por diante. Nesses debates virtuais, todos falam ao mesmo tempo e ninguém ouve o outro de fato.

Essa discussão assimétrica de muitos contra um, ou de muitos contra muitos, desvirtua o propósito essencial de qualquer debate honesto e sério em busca pela verdade e se torna, mais uma vez, uma disputa por poder, quando não de demarcação de território. O problema é que um dos polos desse jogo ideológico delimita seus conceitos e as posturas que julga serem legítimas. Assim, nos deparamos com um pugilato argumentativo unido a um espírito de turba cujo único propósito é intimidar os opositores e, se possível, arrancá-los da ágora pública de debates.

Alguém que explica magistralmente essa dinâmica é Ian Danskin, criador do canal Innuendo Studios no YouTube. Ian relata em especial as técnicas e táticas adotadas por aquilo que se denominou *alt-right*, um subgrupo da extrema-direita norte-americana que prosperou e se inseriu na esfera pública graças às redes sociais.

Uma diferenciação básica feita por Danskin – que não nega que as mesmas práticas da *alt-right* também são adotadas por outros grupos (aliás, há quem defenda que estas eram práticas da esquerda política e que foram posteriormente emuladas pela extrema-direita) – é entre os objetivos de progressistas ao entrarem num debate em contraposição a esses extremistas de direita.

Os progressistas visariam, ao menos em tese, demonstrar que têm razão recorrendo a longas explicações – os vulgos "textões" –, por meio dos quais educam o direitista ignorante. Embora não diga isso de maneira explícita, Danskin parece reconhecer a arrogância inerente que exala dos que pensam ter uma educação superior à de seu interlocutor. Sendo assim, não basta apenas refutá-lo argumentativamente, é preciso humilhá-lo diante dos demais, mesmo se for esfregando a verdade na sua cara.

Por outro lado, para a extrema-direita, o debate não é necessariamente uma busca pela verdade, mas uma expressão de poder. Enquanto o progressista se alonga em demoradas explicações, o extremista de direita responde com mensagens rápidas, breves e, em geral, equivocadas.

Danskin observa em seu *Manual da alt-right* que, embora o progressista tenha a sensação de estar ganhando o debate pela força de seus argumentos, para aqueles que assistem de fora, a impressão é totalmente diferente: o extremista de direita domina o debate, atacando e fazendo constantes acusações, enquanto o progressista está sempre na defensiva, sempre se explicando.

Por mais sólidos e razoáveis que sejam os argumentos em um debate desse tipo, para a plateia virtual é o que menos importa. O que chama a atenção é que um só se defende enquanto o outro está numa posição dominante e de superioridade moral.

Seríamos muito ingênuos se pensássemos que um debate é apenas uma troca intelectual e racional entre duas posições. Quase sempre é também um confronto moral de quem detém a virtude, daquele que empreende uma batalha por valores existenciais e civilizatórios, *contra a barbárie ou o horror.*

Tanto a direita política, seja ela liberal, conservadora ou reacionária, como a esquerda, seja ela progressista, socialista ou comunista, compartilham desse pensamento. Cada vertente ideológica e seus inúmeros desdobramentos acredita estar no cerne de uma verdadeira guerra cultural pelos reais valores de uma sociedade e, mesmo quando aceitam ou toleram diferentes posições (como se sucede num regime democrático), poucos põem em xeque a solidez de suas próprias convicções, que não se fundam necessariamente sobre alicerces racionais, mas sobre bases morais.

Quase todos os participantes do tumultuado debate on-line partem de inúmeros pressupostos implícitos e pouquíssimos estão dispostos a recuar um milímetro sequer e fazer concessões, justamente porque essa demonstração de humildade intelectual, de que "talvez eu possa estar errado", transparece na arena pública como um reconhecimento de que "acho que estou errado".

Sendo assim, mais do que um debate pela verdade ou pela mais correta expressão da realidade, tudo se resume a uma conquista de posições calcada em valores dogmáticos e inquestionáveis. Em vez da justa dinâmica de trocas argumentativas que acabaria por revelar que um dos debatedores tem a razão, nos deparamos com convicções irredutíveis e um espetáculo para a plateia.

Como o próprio Schopenhauer já observava num de seus estratagemas, isso está longe de ser uma novidade ou invenção da era digital. Possivelmente os próprios gregos já deviam presenciar debates dessa espécie no século 4 a.C., pois todos nós temos certeza de que aquilo em que acreditamos é realmente a verdade. Se não acreditássemos, não defenderíamos, exceto quando queremos pagar de advogados do diabo ou em ocasiões nas quais somos postos para defender ideias que sabemos estar erradas ou que são injustas, como no trabalho ou em caráter de experimento. Na vastíssima maioria dos casos, defendemos publicamente o que pensamos ser o correto, e, ainda mais diante de uma plateia, real ou virtual, é improvável que reconheçamos o nosso erro e aceitemos a derrota.

Entretanto, devemos reforçar como o ambiente virtual contribuiu enormemente para a corrosão não apenas do debate público, mas das próprias interações humanas, o que acaba por impactar também a esfera política. Há toda uma geração que, condicionada por intrincados e impenetráveis algoritmos que visam entregar de modo incessante ao usuário conteúdos que julgam ser de seu interesse com base em seu próprio comportamento on-line, se habituou a ouvir e tolerar apenas ideias, conceitos ou posições que sejam essencialmente idênticas às suas próprias.

Além disso, há um segundo mecanismo, ainda mais perverso, de gradual radicalização, fornecendo conteúdos cada vez mais bizarros, sensacionalistas ou chocantes, que manterão o usuário engajado e aprisionado por mais tempo às redes sociais. Assim, um usuário que inicialmente poderia ser considerado um moderado político, por exemplo, vai sendo, de maneira progressiva, alimentado com material radicalizante e com implicações no mundo real, impactando eleições ou, em casos extremos, até levando a atos de violência ou terrorismo.[11]

Não há a menor dúvida de que podemos, ou até deveríamos, adotar um parâmetro ético para as interações nas redes sociais. Talvez isso venha a ocorrer naturalmente, com os próprios usuários assimilando um código de conduta implícito, mas nada nos impede de aplicar de forma consciente certos princípios para um debate saudável também nesse ambiente.

---

11. Em agosto de 2019, o jornal *The New York Times* publicou uma reportagem intitulada "How YouTube Radicalized Brazil" (Como o YouTube radicalizou o Brasil, em tradução livre) explicando o mecanismo por trás desse processo. Outro autor que analisou com maior abrangência esse fenômeno foi o jornalista italiano Giuliano Da Empoli (2019).

8. A natureza do debate público

A origem da palavra "debate" é por si só belicosa. Do francês arcaico *debatre*, significava "combater, lutar, empreender guerra". Mas, tão logo surgiu, passou a ser usada também para disputas argumentativas, quando, assim como numa luta, dois lados batalham pela vitória.

Não é à toa que a ideia de contenda acaba sendo a primeira que vem à mente quando falamos em debater. Ao ouvirmos alguém dizendo "não sou o tipo que gosta de debater", a imagem que formamos é a de uma pessoa que prefere não bater boca sobre assuntos complicados, em relação aos quais nenhuma das partes está disposta a fazer concessões.

No entanto, que nos atenhamos apenas ao sentido original da palavra é, por si só, uma falácia lógica conhecida como *falácia etimológica*, isto é, quando usamos uma palavra em seu sentido arcaico, e geralmente em desuso, em vez do seu sentido contemporâneo. Todas as línguas têm a sua história e sua evolução, e novos termos são assimilados e palavras antigas são ressignificadas. Certamente a língua portuguesa que adotamos hoje não é idêntica àquela falada por lusitanos do século 16. Basta que você tente ler *Os Lusíadas*, de Camões, com a grafia da época para logo se deparar com inúmeras dificuldades.

Portanto, embora a palavra "debate" ainda hoje preserve o sentido de disputa, ela significa muito mais do que isso. Quando Schopenhauer tenta traçar uma distinção entre dialética e dialética erística, termo que o filósofo usa para designar a arte de "discutir de modo a ter razão [...] por meio lícitos e ilícitos",[12] no fundo o que pretendia era separar a troca de ideias que conduz à verdade da disputa argumentativa que visa a vitória. Ambas eram dialéticas, já que pressupunham pelo menos duas posições, mas os fins não eram os mesmos.

E é aqui que nos deparamos com o conceito de *debate público*, que inclui muito mais do que apenas dois interlocutores num embate ou numa troca rumo à descoberta e ao reconhecimento da verdade – trata-se da ampla troca de ideias no interior de uma sociedade.

De um modo ou de outro, todos nós estamos inseridos no debate público. Se você for um intelectual, professor, artista, jornalista ou qualquer outro tipo de comunicador, está inevitavelmente participando do debate público, trazendo as suas ideias ou dúvidas, confrontando outras ideias, contemporâneas ou pretéritas, e ajudando a moldar a percepção das demais pessoas.

O debate público se dá nos jornais, na TV, no rádio, nos livros, nas universidades; é onde as ideias nascem, são confrontadas e morrem. Mais recentemente, o debate público migrou e se amplificou na internet e nas redes sociais. Foi quando tombou um dos grandes gargalos históricos da comunicação. Agora qualquer um detém o poder de construir o imaginário coletivo.

Você também integra o debate público quando acessa tais ideias e as reproduz em falas e comportamentos; quando conversa com seus colegas de trabalho num barzinho depois do expediente; quando frequenta a igreja ou educa seus filhos. Somos moldados pela troca de

---

12. SCHOPENHAUER, Arthur. *38 estratégias para vencer qualquer debate:* a arte de ter razão. Tradução: Camila Werner. São Paulo: Faro Editorial, 2014.

ideias de modos que nem sequer nos damos conta, de maneiras escancaradas ou sutis, sendo manipulados por agentes inescrupulosos ou persuadidos pelos que realmente têm como objetivo os nossos melhores interesses. Não temos a escolha de não participar do debate – com as redes, tornou-se inevitável –, a não ser nos alienando por completo. Fatalmente, estamos entrelaçados na perpétua disputa de posições.

Reproduzimos algumas ideias de maneira quase inconsciente, já que foram introjetadas desde o primeiro instante de nossa criação. Não escolhemos onde e quando nascemos, ou em que família ou religião. Esse contexto é fundamental para moldar visões de mundo. Nossa relação com a vida e com a morte, por exemplo, está intimamente vinculada às nossas crenças religiosas, e é muito difícil nos livrarmos delas mesmo após abandonarmos determinada religião. Nossas ideias florescem a partir dessa realidade e, como consequência, acabam por impactar a mesma realidade. Isso se dá no confronto que ocorre no vasto debate público.

Seria um erro pressupor que as melhores ideias – ou as mais racionais, as que fazem mais sentido – são aquelas que prevalecem nessa disputa. As respostas que melhor suprem certas necessidades e fornecem conforto às nossas inquietações nem sempre são as mais verdadeiras. Aliás, poderíamos, inclusive, concluir o contrário: a crueza da verdade é raramente acolhida com o mesmo fervor que ideias absurdas e desconectadas dos fatos. Se o debate público se desenrolar como uma espécie de seleção natural, os critérios para a sobrevivência de ideias dependerão menos da razoabilidade do que da sua capacidade de reprodução e disseminação.

Isso não quer dizer, obviamente, que não possamos, ou não devamos, empreender a disputa de modo racional e, acima de tudo, ético. Mas não nos custa nada compreender os grandes obstáculos que se erguem diante de nós.

Seríamos otimistas e bastante ingênuos se acreditássemos que a verdade sempre prevalece no final. Nem sempre. Ou melhor, raras vezes, pois o manto do obscurantismo é grande o suficiente para encobrir o esclarecimento.

E talvez esta seja a maior de todas as disputas que se dá no debate público: retirar o véu que teima em encobrir a verdade.

9. Quando o debate pode prejudicar a sociedade

Em 2004, o humorista Jon Stewart foi convidado para participar do programa *Crossfire*, da CNN norte-americana, a fim de divulgar o seu novo livro. O quadro era famoso por apresentar um debate entre duas posições antagônicas. Naquela ocasião, Paul Begala e Tucker Carlson representavam lados opostos do jogo bipartidário político dos Estados Unidos. Carlson estava ali para defender os ideais e valores conservadores dos republicanos, enquanto Begala simbolizava o progressismo dos democratas.

Como quase sempre se dá no debate político, a disputa era de valores, e quando falamos de valores, é extremamente difícil, quando não impossível, avaliarmos a veracidade de certas posições. Pena de morte é moralmente defensável? Aborto? Legalização das drogas? Casamento gay? Sexo antes do casamento?

Para essas e muitas outras dúvidas não há uma resposta que possa ser encontrada de maneira concreta na realidade e que nos permita encerrar qualquer tipo de debate futuro sobre o tópico. Como você se aproximará dessas indagações depende da sociedade e da cultura nas quais vive, do período histórico, da religião que pratica, de sua criação e educação, da ideologia que propaga e de um conjunto de influências que certamente estão muito além do nosso controle.

Psicólogos morais, como John Jost, chegam a cogitar que temos uma predisposição natural para sermos mais conservadores ou progressistas. Pessoas mais abertas a novas experiências tendem a ser mais liberais na política e costumes, enquanto aquelas mais avessas a mudanças, inclusive que demonstram maior grau de temor e repulsa ao diferente, tendem a ser mais conservadoras.

O linguista e psicólogo cognitivo George Lakoff propõe a divisão em três grandes grupos: os que são predominantemente progressistas, os que são predominantemente conservadores e aqueles que se situam numa zona central, esposando certos valores e conceitos de ambas as posições. Cada um dos três grupos equivaleria aproximadamente a um terço do conjunto social. Portanto, o jogo político se daria principalmente na conquista da fatia central que, num movimento pendular, oscilaria de tempos em tempos entre políticos progressistas e conservadores. O jogo político em muitas democracias liberais sólidas pode facilmente ilustrar esse ponto.

Podemos observar esse comportamento nitidamente tanto no bipartidarismo norte-americano, com o embate entre republicanos e democratas, como no sistema parlamentar britânico com dois grandes partidos que se sobressaem, o Partido Conservador (os Tories) e o Partido Trabalhista (Labour), que há décadas se sucedem no governo. A dinâmica de poder está sempre oscilando de um lado ao outro, com a fatia central do eleitorado decidindo os rumos das eleições.

Portanto, em vez de pensarmos no jogo político como sendo preto ou branco, esquerda ou direita, ou neste ou aquele, teríamos uma variedade de posições no interior dos três grandes grupos, como proposto por Lakoff.

É por isso que, quando Jon Stewart aparece no programa *Crossfire*, embora se esperasse que viesse repleto de piadas e comentários engraçados, a mensagem que ele traz é um verdadeiro balde de água fria para os apresentadores e, de certo modo, para a sociedade norte-americana em geral.

Quando lhe é cedida a palavra, Stewart diz: "O que vocês fazem está prejudicando os Estados Unidos. Simplesmente parem, por favor".

A lógica por detrás da súplica de Stewart é evidente. Não há apenas duas posições diante das grandes questões relacionadas a valores; não é possível simplificar a realidade de maneira binária, portanto, ao desconsiderarmos as nuances e sutilezas das grandes indagações, nós, como comunicadores, estamos prejudicando o debate público. Desse modo, é preciso esclarecer a audiência, refinando a sua compreensão da realidade e não a reduzindo a *falsos dilemas*.

E é evidente que o pedido de Stewart causou mal-estar.

Tucker Carlson, o representante conservador, foi passivo-agressivo. Ele esperava um comediante, mas estava recebendo uma lição de moral. Quem Jon Stewart pensava ser para ir ali criticá-los?

A entrevista com Stewart não prossegue. Meses depois, o programa *Crossfire* sai do ar. O então diretor-executivo da CNN, Jonathan Klein, revela que simpatizava com as críticas feitas pelo comediante e que queria direcionar a emissora em outro sentido.

Saltemos vinte anos para o futuro. Em 2019, a CNN inicia as atividades de sua licenciada no Brasil, porém, ao contrário da matriz norte-americana, considerada de viés levemente progressista na mídia dos Estados Unidos, no Brasil a emissora adota tons conservadores, com muitos apresentadores e comentaristas abertamente alinhados à visão de um presidente de extrema-direita.

Logo no início, também concebeu um quadro inspirado nos moldes do *Crossfire* chamado *O Grande Debate*. A proposta era idêntica: de um lado, uma debatedora mais ou menos progressista, defensora dos direitos humanos, crítica do punitivismo penal e do governo; do outro, um debatedor reacionário, que se esforçava em vão para provar que se encaixava no modelo do conservadorismo clássico, alinhado às piores práticas de um governo extremista de direita. Ambos formados em Direito, o que fatalmente conduzia os debates para a seara legal, embora, em essência, o que estivesse em jogo fossem problemas de ordem moral.

O formato, que até fazia certo sentido num cenário político bipartidário como o norte-americano, não era capaz de contemplar o confuso e pulverizado sistema partidário brasileiro – em 2021, havia 33 partidos legalizados no TSE –, bem como a difusa adesão ideológica da maior parte dos brasileiros.

Para um norte-americano médio, é muito fácil compreender onde se situa nas grandes questões partidárias e conseguir apontar o dedo e dizer "costumo votar mais em republicanos ou democratas". Mesmo naqueles estados chamados de *swing states*, ou seja, onde de fato são decididas as eleições presidenciais dos Estados Unidos graças ao confuso e ultrapassado sistema de colegiado eleitoral,[13] a margem de manobra de uma eleição para outra é muito pequena, com frequência na casa de poucos milhares de votos.

No entanto, no Brasil, se você perguntar a um cidadão médio com qual partido ele se identifica, muitos terão dificuldades de se situarem

---

13. Pensado inicialmente para evitar que estados mais populosos pudessem determinar as eleições, o sistema de colegiado eleitoral norte-americano distribui 538 delegados, de maneira desigual para cada estado, que votam, em sua totalidade, para o candidato vencedor no voto popular naquele estado. Por exemplo, se um candidato republicano tiver a maioria de votos no estado do Texas, ele obtém todos os 38 votos dos delegados do estado. Com base nesse sistema, o vencedor da eleição presidencial é o candidato que obtiver a maioria dos votos de delegados, em vez da maioria dos votos populares. Em 2016, Trump venceu as eleições com o voto de 304 delegados, embora, na votação popular, tenha perdido para Hillary Clinton com uma diferença de mais de 3 milhões de votos.

num mapa com dezenas de possibilidades. Talvez orbitem entre personalidades, um ou outro candidato mais conhecido, algum nome que esteja sempre na imprensa, algum cacique de seu curral eleitoral, mas nem sempre têm muita fidelidade partidária.

Não quer dizer que tais pessoas não tenham suas convicções morais, que não saibam bem o que pensam sobre pena de morte, aborto ou legalização da maconha. Mas um modelo de debate dicotômico em termos políticos faz pouco sentido, já que todos os partidos são capazes de adotar posturas mais ou menos conservadoras ou progressistas de modo a conquistar certos segmentos, como os evangélicos, a classe trabalhadora ou grupos minoritários. Pelo menos nos grandes partidos brasileiros, quando se trata de chegar e se manter no poder, a palavra de ordem é pragmatismo, mais do que qualquer rigidez ideológica.

Quando Jon Stewart questionou e atacou o modelo de debate binário do quadro da CNN, foi justamente porque tais questões não poderiam ser abordadas, tampouco resolvidas, de maneira simplória. Mas, quando a CNN Brasil tenta implementar o mesmo modelo para o debate político brasileiro, ele simplesmente não representa a realidade do país, tanto em questões morais como políticas.

O quadro também não durou. Mais ou menos um ano depois, após várias polêmicas, incluindo desavenças pessoais entre os debatedores, *O Grande Debate* saiu do ar.

No entanto, de um modo ou de outro, o modelo prosseguiu tanto na emissora como em outras que enxergaram ali uma mina de ouro para explorarem a polarização política. Debates entre cientistas e negacionistas da ciência se proliferaram durante a pandemia do coronavírus e serviram para confundir ainda mais a população, que morria aos milhares por dia.

O grupo humorístico Porta dos Fundos já havia satirizado, em 2018, o falso dilema em uma sequência de esquetes chamados de "Polêmica da Semana". Nela, apresentavam essa simetria distorcida: de um lado, um cientista, um historiador, um pesquisador, um ativista pelos direitos humanos; do outro, um negacionista, um teórico da conspiração, quando não um neonazista declarado ou supremacista racial.

Em 2015, ao ser laureado com um doutorado *honoris causa* pela Universidade de Turim, o filósofo Umberto Eco declarou que as "redes sociais haviam dado voz a uma legião de imbecis".[14] A frase, muitas vezes usada e abusada para criticar qualquer fenômeno de nossos tempos, tem algumas camadas de sutilezas para além da óbvia constatação de que as redes sociais deram, de fato, voz para todos, incluindo, se não principalmente, imbecis, ou o "tolo da vila", nas palavras de Eco.

Quando ouvi isso pela primeira vez, à época, a minha impressão inicial foi a de ver um dinossauro acadêmico, cria de outros tempos, desferindo ataques ineficazes e até pedantes contra o meteorito dos novos tempos que abalaria as obsoletas hierarquias de criação, manutenção e, mais ainda, de monopólio do conhecimento. Afinal de contas, não podemos negar que o conhecimento é poder e que, tradicionalmente, sempre esteve nas mãos de certas elites. Mas a internet logo cedo se configurou como um espaço anárquico e de destruição criativa, abrindo o campo do debate público e da troca de ideias para qualquer pessoa com um computador pessoal e um *modem*.

De suas origens até sua popularização, passaram-se algumas décadas, mas hoje a internet é onipresente em boa parte do mundo, tão influente que tem impactado os resultados eleitorais, às vezes de maneira assustadora e imprevisível, de várias nações democráticas, bem

---

14. NICOLETTI, Gianluca. Umberto Eco: "Con i social parola a legioni di imbecilli", *La Stampa,* 15 jun. 2015. Disponível em: https://www.lastampa.it/cultura/2015/06/11/news/umberto-eco-con-i-social-parola-a-legioni-di-imbecilli-1.35250428. Acesso em: 30 maio 2022.

como serve de ferramenta de mobilização e resistência contra regimes autoritários. É uma força avassaladora e que tem todas as características de uma revolução no modo como nos relacionamos uns com os outros, como geramos e propagamos conhecimento e como atuamos nesse debate público. Poderíamos compará-la a outro grande momento da comunicação: a invenção da imprensa. O mundo nunca mais foi o mesmo.

Nesse sentido, Eco tinha toda a razão: as redes sociais haviam, sim, dado voz a uma legião de imbecis, mas também a uma legião de pessoas que tinham muito a falar e a contribuir para o debate público. A questão, como observou o filósofo italiano, é que há um lado perverso nas redes sociais. Nelas, há um nivelamento de todos os discursos, além de muitos usuários serem incapazes de distinguir o que é relevante e fatual do que não é.

O problema não é tão somente ter dado voz a uma legião de imbecis, mas sim ter dado voz a uma legião *organizada* de imbecis que, dada a sua coordenação e objetivos nocivos, armou-se com essa ferramenta para empreender uma guerra total à informação e à própria noção de verdade.

Mais uma vez estamos diante de um impasse ético, pois, embora os tais imbecis mencionados por Eco não se reconheçam como tal e não se vejam como propagadores de falsidades e distorções, ao mesmo tempo, são guiados por algumas lideranças que compreendem muito bem o que estão fazendo. A contaminação do debate público ocorre realmente em parte por causa dos imbecis que passaram a participar dele, mas, sobretudo, porque há quem lucre muito com ele.

O negacionismo não se trata apenas do questionamento e/ou da dúvida; não é apenas a negação em seu sentido mais próprio e cético, de "não sei, não temos como confirmar a veracidade disso, logo, suspenderei meu juízo sobre essa questão até que encontremos novas evidências". É, acima de tudo, a criação de uma versão paralela, com "fatos alternativos" e sua correspondente interpretação distorcida e mal-intencionada.

A leitura de Eco, arrojada e quase profética, é, no entanto, parcial. Para alguém que havia pesquisado a fundo os mecanismos por detrás das teorias conspiratórias – e disso resultou a sua obra de ficção *O pêndulo de Foucault* –, faltou dar um passo a mais e vislumbrar como essas mesmas redes sociais inundadas por legiões de imbecis seriam instrumentalizadas para direcioná-las ao caos, e como esse caos não ficaria apenas circunscrito ao mundo virtual, mas transbordaria também para o mundo real.

Assim, o debate coletivo que está nos fundamentos da geração de conhecimento, do estabelecimento de valores sociais e de um consenso que nos permite viver em coletividade de modo mais ou menos harmonioso foi sequestrado e deturpado, prejudicando seus participantes e a própria noção de uma verdade compartilhada.

Um tipo de debate espetacularizado que surgiu na TV norte-americana se alastrou pela mídia global, descobriu o solo fértil das redes sociais e tem florescido com seus frutos atraentes, porém venenosos.

As falácias lógicas

PARTE 2

10. O que são falácias lógicas?

Todos nós cometemos erros de raciocínio o tempo todo. Poderíamos dizer, sem muito medo de nos equivocarmos, que, embora possa alçar voos inacreditáveis graças ao pensamento racional, a mente humana desenvolveu-se mais para nos manter vivos num ambiente hostil do que para nos propiciar um conhecimento preciso sobre a realidade.

Basicamente, é melhor estar vivo do que ter razão.

Pense em um ser humano pré-histórico caçando numa floresta. Ele ouve um ruído atrás de si. Não sabe dizer se é apenas o estalar de galhos ou se está sendo perseguido por um predador. Essa pessoa se põe em posição de defesa, suas pupilas se dilatam, seu coração passa a bater mais forte diante da possível ameaça. Todas essas reações não são racionais; não é como se nós parássemos e pensássemos: "Estou em perigo e preciso me proteger". Tudo ocorre sem a nossa escolha ou intervenção.

O modo como reagimos hoje às situações, corriqueiras ou inusitadas, não é tão diferente da maneira como reagiria alguém que viveu há vinte mil anos. Nem toda a filosofia, a ciência ou o conhecimento sobre a psicologia humana é capaz de, diante de uma situação de medo, por exemplo, impedir que sejamos tomados por reações naturais e instintivas.

Por isso, insisto: evoluímos para sobreviver, não para ter razão.

Essa é uma explicação possível para inúmeros erros de raciocínio que cometemos diariamente, muitos deles consequências de vieses psicológicos que podem nos induzir ao erro.

Em grande medida, tanto o método científico quanto o raciocínio lógico são modos que descobrimos para contornar erros de percepção ou de comunicação e poder, mesmo que de maneira titubeante e errática, nos aproximar da verdade.

Só que, para isso, é preciso dar um passo para trás e ser cauteloso. O pensamento racional exige cuidado, tempo de reflexão e análise. Se agirmos por impulso, com base no instinto, podemos nos salvar da ameaça na floresta, mas não tomar uma decisão mais razoável ou consciente.

A história da filosofia, ou do pensamento, é, em grande parte, esse percurso da racionalidade. Volta-se para grandes questões que nos afligem e, como se pode imaginar, assim como ocorre em qualquer outro empreendimento humano, é repleta de tentativas e erros.

As *falácias lógicas* são, em meio aos inúmeros erros possíveis na tarefa de compreensão da realidade, apenas uma das falhas. Elas ocorrem principalmente na etapa de comunicação, mas é possível cometer erros na etapa de observação do mundo, coleta de dados, interpretação de dados ou, no final da cadeia, na etapa de transmissão de dados.

Há aqueles que questionam a eficácia do estudo das falácias lógicas, afirmando que ele é inútil e que há pouco a aprender a partir dele. Segundo esse pensamento, o mais importante seria aprender a forma de um bom argumento, em vez de estudar os erros.

Eu discordo.

Evidentemente, saber reconhecer e apontar falácias lógicas pouco contribui para um debate, afinal de contas, a finalidade de um debate saudável não é, ou pelo menos não deveria ser, apontar apenas os erros do interlocutor, mas propor uma resposta que melhor se aplique à questão discutida. Isso é o que chamamos de refutação – quando o erro do argumento do interlocutor é apontado, explicando por que aquilo é um erro, e se oferece uma solução.

É certo que, para muitas questões, há uma resposta correta e outras incorretas. Dois mais dois é igual a quatro, a Terra é redonda e todo ser humano é mortal (até que se descubra uma "cura" para a morte). Certas proposições serão verdadeiras, você gostando disso ou não, concordando ou não.

Por outro lado, para muitas outras questões, não há uma resposta fechada ou absoluta. Muitos problemas têm respostas que se aplicavam no passado, mas que hoje são ultrapassadas – o que vale para boa parte das questões morais. Na Judeia, durante a Era do Bronze, era lícito, justo e moral apedrejar adúlteras em praça pública. Hoje isso é visto, pelo menos em grande parte das sociedades desenvolvidas, como uma prática bárbara e inaceitável, uma violação elementar dos direitos humanos e um atraso civilizatório. E não há nada que nos garanta que hábitos nossos atuais, como comer proteína animal, não sejam vistos daqui a algumas décadas com o mesmo horror e repúdio com que encaramos o apedrejamento de adúlteras nos nossos tempos.

Entretanto, apesar de haver questões fechadas e abertas, para as quais há uma resposta objetiva e outras que ainda estão em disputa, não é disso que se trata a grande maioria das falácias lógicas que apresentaremos, e sim da forma de expressão das ideias. Falácias não são erros de construção de conhecimento, mas de transmissão de conhecimento. Elas surgem quando o modo como comunicamos o nosso pensamento é falho.

Embora em muitíssimos casos seja apenas um erro, em muitas outras circunstâncias um "deslize" de raciocínio e de expressão pode ser um ato deliberado e malicioso para trapacear o outro debatedor. Quando Schopenhauer nos ensina alguns estratagemas, é disto que se trata: de como vencer um debate sem necessariamente ter razão, e, em casos extremos, vale até se munir de falácias lógicas ou táticas mal-intencionadas de persuasão para conquistar a audiência, mesmo sem precisar convencer o interlocutor.

É o princípio "se colar, colou".

Se o outro debatedor não identificar o erro de raciocínio ou a tática desonesta, passa batido e acaba sendo desmoralizado. Mas, mesmo se a falácia for apontada, no final das contas, o que vale não é estar com a razão, mas a percepção geral de que se está com a razão.

No calor da batalha argumentativa, dificilmente um debatedor terá tempo e sangue-frio para analisar cada argumento e apontar os seus erros, em especial quando se trata de um debate oral. A análise é muito mais fácil de ser realizada depois ou quando os argumentos são apresentados por escrito; aí sim se pode ter o cuidado para destrinchar o argumento, quais são suas premissas e conclusões, como elas se relacionam, se são válidas ou robustas.

Eu entendo que o estudo das falácias é muito útil tanto como um preparo para evitar usá-las quanto como uma forma de nos precaver, avaliar nossos próprios argumentos e torná-los mais sólidos e rigorosos. Porém vale também como uma antecipação para o debate contra um interlocutor.

Assim como um time de futebol antes de uma partida estuda as táticas do time adversário, ou como fazem os enxadristas ao estudar jogos de seus oponentes, compreender como seu interlocutor elabora seus argumentos e quais erros comete – já que todos nós somos passíveis de cometê-los – é um recurso inteligente para se preparar e contra-atacar.

Se você souber, por exemplo, que seu adversário é desonesto intelectualmente e com frequência se mune de falácias lógicas ou mesmo de ataques pessoais, terá a possibilidade de julgar se deve ou não debater com alguém que é claramente antiético. Este é, aliás, o conselho dado por Schopenhauer, que se fundamenta, por sua vez, em Aristóteles:

> [...] não discuta com o primeiro que aparecer, mas só com conhecidos que sabemos que têm conhecimento suficiente para não dizer coisas absurdas que os envergonhariam; disputar com argumentos e não com afirmações de força e, finalmente, valorizar a verdade, ouvir bons argumentos com prazer, mesmo os saídos da boca do oponente, e ter integridade suficiente para poder suportar não estar com a razão quando a verdade estiver do outro lado. Por isso, dentre centenas de pessoas, raramente existe mais que uma com quem valha a pena discutir.[15]

Mesmo num texto no qual o filósofo alemão se prontifica a ensinar alguém a vencer um debate sem ter razão, ele ainda deixa claro que você não tem a menor obrigação de debater com alguém desonesto. Vá por sua conta e risco.

O primeiro a realizar um estudo das falácias lógicas foi o mesmo filósofo considerado o criador da lógica. Na obra *Refutações sofísticas*, Aristóteles nos introduz a várias falácias lógicas que ainda hoje são estudadas. O fato é que o filósofo grego lançou longas sombras sobre vários ramos da filosofia, e foi apenas no fim do século 19 e começo do século 20 que o campo da lógica conseguiu, pouco a pouco, se libertar parcialmente da esmagadora influência aristotélica. A lógica proposicional, por exemplo, já nasce nesse novo contexto. Entretanto,

---

15. SCHOPENHAUER, Arthur, *op. cit.*

é inegável a relevância de Aristóteles no estudo e até na nomenclatura de certas falácias.

Desde a Antiguidade, distintos autores elaboraram os mais diversos modos para dividir e classificar as falácias, mas nós utilizaremos a classificação proposta por Edward Damer em *Attacking Faulty Reasoning*, também adotada em linhas gerais por Montserrat Bordes Solanas em sua extraordinária obra *Las Trampas de Circe: Falácias Lógicas y Argumentación Informal*,[16] cujos únicos defeitos são o de ainda não ter sido traduzida para o português e de ser muito técnica para o leitor iniciante no tema. Além disso, diferentes autores têm seus próprios critérios para enumerar tipos e subtipos de falácias, bem como adotam as mais variadas terminologias para designá-las, alguns optando pelos termos latinos clássicos correspondentes, outros, por denominações atualizadas.

Certas listas de falácias podem incluir quase uma centena delas, enquanto outras optam por uma seleção, expondo apenas as mais recorrentes, que é como procederemos: a apresentação de várias falácias informais, ou seja, erros argumentativos que ocorrem na língua natural.

O fato é que, ao trabalharmos com um debate que é estudado há mais de dois mil e quinhentos anos, trilharemos um caminho que já foi bastante percorrido e que, até recentemente, era matéria essencial em escolas e universidades pelo mundo, até que se perdeu no tempo.

Contudo, insisto que, se nós nos propomos a atuar de maneira ética no debate público, devemos ter um compromisso que vai além da busca pela verdade, mas que esteja aliado a uma expressão precisa da realidade e de nossas constatações sobre o mundo. Mesmo quando se tratam de temas controversos ou questões sem respostas definitivas – como acontece na maioria das questões morais –, a força

---

16. BORDES SOLANAS, Montserrat. *Las Trampas de Circe*: Falacias Lógicas y Argumentación Informal. Madrid: Cátedra, 2011.

da argumentação está intrinsecamente vinculada às evidências que estamos apresentando e ao modo como nós as expomos.

É impossível que estejamos certos o tempo todo, assim como é inevitável que cometamos erros, mas podemos empreender o esforço genuíno de correção e integridade e, dessa maneira, contribuir para um debate mais saudável e racional.

Categorias de falácias lógicas informais

De acordo com Damer, as falácias lógicas informais podem ser organizadas em quatro grandes categorias:

1. *Falácias que violam o critério da relevância*, ou seja, quando são apresentadas premissas irrelevantes para a sua conclusão.
2. *Falácias que violam o critério da aceitabilidade*, isto é, quando uma premissa não é do tipo que qualquer pessoa razoável deva aceitar.
3. *Falácias que violam o critério da suficiência*, entendendo que, neste caso, as premissas apresentam evidências insuficientes ou inexistentes para fundamentar sua conclusão.
4. *Falácias que violam o critério da refutação*, enfim, aquelas que fracassam em fornecer uma refutação robusta para as críticas feitas a seus argumentos e aos argumentos mais robustos do interlocutor.

Nos próximos capítulos, veremos cada uma delas.

11. Falácias que violam o critério da relevância

Você sabe com quem está falando?

Um dos recursos mais irritantes em uma discussão é quando alguém tenta encerrá-la com uma carteirada, com o uso de "Você sabe com quem está falando?". Embora recorrer à autoridade não seja exatamente uma falácia lógica, certamente é um modo muito fraco de sustentar um argumento.[17]

Qualquer aluno universitário sabe que, em um trabalho acadêmico, suas posições devem ser, sempre que possível, embasadas em referências conceituadas. Em pesquisa feita em 2016,[18] descobrimos, por exemplo, que o autor brasileiro Paulo Freire é o terceiro mais citado em trabalhos acadêmicos em todo o mundo, atrás apenas do filósofo Thomas Kuhn e

---

17. Edwin Coleman (1995) vai mais longe, a ponto de afirmar que "apelo à autoridade" nem sequer é uma falácia lógica, enquanto Moti Mizrahi (2013) insiste que, embora não seja necessariamente falacioso, este é um recurso fraco e insuficiente para sustentar um argumento. Douglas Walton e Marcin Koszowy (2017) propõem seis questões críticas de modo a avaliar a relevância de uma autoridade.
18. GREEN, Elliott. *What Are the Most-Cited Publications in the Social Sciences (According to Google Scholar)?* 12 maio 2016. Disponível em: https://blogs.lse.ac.uk/impactofsocialsciences/2016/05/12/what-are-the-most-cited-publications-in-the-social-sciences-according-to-google-scholar. Acesso em: 30 maio 2022.

do sociólogo Everett Rogers. Podemos inferir que Freire é uma referência com bastante autoridade, principalmente no campo da educação, apesar do gigantesco esforço de reacionários brasileiros para tentarem destruir o seu legado.

Mas citações não são a base de uma argumentação, e sim um apoio. A base deve ser sempre a solidez do próprio argumento, sua estrutura e se as premissas correspondem à realidade.

Vamos supor que alguém afirme o seguinte:

"Eu sou historiador, logo posso assegurar que Hitler não morreu em 1945 na Alemanha, e sim fugiu para a Argentina."

Isso não é o suficiente para assegurar o rigor do argumento, tampouco a veracidade das afirmações. Se você pretende defender uma teoria conspiratória negacionista histórica, precisará de evidências muito mais robustas do que o seu diploma, afinal de contas, chegamos ao ponto de ver geógrafos terraplanistas, médicos que são contra as vacinas e historiadores negacionistas do Holocausto.

Se uma autoridade deve ser considerada realmente como uma autoridade em seu campo, aí adentramos outra dimensão que vai até além das provas e da veracidade, mas que passa também pelo consenso entre os especialistas de determinada área, bem como o grau de aceitação de certa tese.[19]

É sempre bom lembrar, é claro, que cientistas e experts também erram e que a comunidade de referência também pode ser reticente e demorar muito tempo antes de aceitar um avanço disruptivo. Há instituições muito mais cristalizadas do que outras. Por exemplo,

---

19. Jean Goodwin (2011) questiona justamente como se dá o reconhecimento de quem é uma autoridade relevante; já Sebastiano Lommi (2015) aborda o aspecto da "relevância".

a Igreja Católica só reconheceu as conclusões de Galileu Galilei em 1992, quase 360 anos após o processo que o astrônomo sofreu pela Inquisição, que o forçou a recuar em sua tese heliocêntrica e defender oficialmente que a Terra seria o centro do universo.

Por isso, antes das autoridades, sempre é preciso se curvar à força das evidências.

Mesmo não sendo necessariamente uma falácia, o *apelo à autoridade* (*argumentum ad verecundiam*) pode ser considerado como tal em alguns casos específicos. Um deles é chamado de *apelo à autoridade irrelevante*, que é quando se utiliza uma falsa autoridade para tentar fundamentar o seu argumento.

Vamos supor que você esteja debatendo o tema das mudanças climáticas e o seu interlocutor defenda que não há nada de errado no mundo, que as mudanças não são produto da ação humana sobre o planeta e que ocorrem ciclicamente. Para tal, ele cita uma referência, um tal "doutor" de quem ninguém nunca ouviu falar. Aí estamos diante da tentativa de usar o peso de uma autoridade. Mas você não conhece a referência que está em desacordo com aquilo que já leu sobre o assunto e que contraria o consenso científico atual.

Depois da discussão, você vai pesquisar e descobre que esse "doutor" é, na verdade, apenas o apresentador de um *talk show* conspiracionista, sem qualquer formação específica na área nem produção intelectual relevante. Aí temos um típico caso de *autoridade irrelevante*.

Outro caso pode ser quando, de fato, a autoridade é relevante, como, por exemplo, Albert Einstein, Charles Darwin, Isaac Newton, Noam Chomsky ou algum outro cientista ou intelectual reconhecido em seu campo, mas que é citado como referência para um tópico que não é o campo de atuação ou de especialização deles.

Tudo bem citar Einstein para a Teoria da Relatividade? Sim, tudo bem.

Tudo bem citar Einstein para justificar a existência de Deus? Hum, aí não dá, pois Einstein tinha tantas evidências da existência de Deus quanto qualquer outro ser humano, isto é, nenhuma.

Munir-se da autoridade de Chomsky como linguista ou filósofo político para defender uma posição? Tranquilo.

Mas, se um dia Chomsky fizesse alguma recomendação para creme antirrugas, o peso da afirmação dele valeria tanto quanto a de qualquer outro leigo.

Além disso, há o uso de autoridades vagas, como "estudos indicam", "especialistas dizem", "qualquer expert na área sabe". Nesse caso, basta exigir de seu interlocutor que apresente tais informações. Quais são esses estudos? Quem são os autores? Por qual instituição? Quem são esses especialistas? Se ele não souber enumerá-los, então se está diante de uma falácia de autoridade irrelevante.

Por fim, um último caso é quando a credencial de uma autoridade visa encerrar o debate sem qualquer demonstração de provas. Se Einstein disse algo, não significa que seja automaticamente verdadeiro. As afirmações precisam ser confrontadas, primeiro, com a realidade e, em seguida, analisadas em sua composição argumentativa. "Einstein (ou qualquer outra autoridade) disse, logo é verdadeiro" é o típico caso de falácia de autoridade.

Portanto, insisto: o discurso de autoridade deve ser usado como apoio para sua argumentação, como um elemento adicional para reforçar as provas que você apresentou em um debate.

Vale mencionar também que, muitas vezes, se não na vastíssima maioria dos casos, o nosso conhecimento é mediado por autoridades. Temos conhecimentos a respeito da superfície lunar não porque estivemos lá, mas principalmente por causa das observações astronômicas, expedições lunares, imagens de telescópios espaciais. É provável que nenhum de nós jamais poderá ir pessoalmente à Lua e verificar com nossos próprios sentidos aquilo que a Nasa ou astrônomos afirmam, mas, mesmo assim, nos fiamos no rigor dessas autoridades, o que vale para a imensa gama de campos de conhecimento.

Orbitamos uma constelação tão grande de referências e autoridades que nem sequer nos damos conta de quão pouco conhecimento direto nós realmente temos do mundo, e, mesmo quando este é o caso, há pouca garantia de que o acesso direto tenha alguma validade universal.

Não podemos avaliar se um bairro é perigoso simplesmente porque vimos acontecer um assalto enquanto passávamos por ali. Para isso, necessitaríamos de informações disponibilizadas por autoridades, dados da Secretaria de Segurança ou da polícia que possam confirmar ou contestar nossa percepção individual.

Em suma, fatalmente dependeremos de autoridades para embasar nossa argumentação. O desafio é nos assegurarmos de que estamos nos fiando em autoridades relevantes e fatuais.

FORMA DA FALÁCIA DE AUTORIDADE
Pessoa A afirma que X é verdadeiro.
Pessoa A é uma autoridade do campo relacionado a X.
Logo, devemos acreditar que X é verdadeiro.

Manipulando as emoções

Qualquer orador conhece muito bem o poder das emoções da plateia e sabe que é muito mais fácil persuadi-la se, em vez de se ater à racionalidade, falar diretamente ao coração das pessoas. Basta que você ouça ou leia os grandes discursos históricos, como "Eu tenho um sonho", de Martin Luther King Jr., o de Abraham Lincoln na Cooper

Union ou o de Henrique v antes da batalha de Agincourt, como nos apresenta Shakespeare na peça homônima.

Um argumento racional bem estruturado pode até nos aproximar mais da verdade, mas nada é tão eficiente em mover e comover as pessoas do que um discurso entusiasmado. Valores como patriotismo, coragem ou devoção não são muito racionais, portanto não é incomum detectar esse recurso retórico se infiltrando até mesmo no debate mais frio e lógico.

Apelar para a emoção (*argumentum ad passiones*) das pessoas não é, por si mesmo, uma falácia lógica, mas se torna uma quando a carga emocional é considerada mais importante do que a coerência de um argumento.[20]

Vejamos alguns casos exemplares.

PRIMEIRO EXEMPLO

"Todos sabemos os perigos que animais imundos representam à saúde da população, como acontece com os ratos. Eles se proliferam, vivem sob a superfície, comem os restos de comida e disseminam doenças. Por isso, exterminar os ratos é uma questão higiênica. Entretanto, isso não se limita apenas a esses animais. Alguns grupos de pessoas se comportam do mesmo modo: são sujos, propagam doenças e degeneram uma sociedade. Portanto, precisamos lidar com eles do mesmo modo como lidamos com os ratos."

Se você leu o texto e rapidamente o relacionou a um momento histórico em particular, é porque foi, de fato, o argumento utilizado pelos nazistas para justificar o extermínio de milhões de judeus europeus. Eles, inclusive, produziram um filme propagandístico à época intitulado *O judeu eterno* para defender tal argumento.

---

20. Douglas Walton dedicou uma obra inteira a esse assunto, *The Place of Emotion in Argument* (1992).

Recorrer ao medo ou ao nojo para convencer alguém é extremamente eficaz e é uma modalidade recorrente no discurso político. Medo de judeus, de imigrantes, de refugiados, de pobres, dos negros, de indígenas, de comunistas, dos fascistas, de feministas, dos neoliberais, dos progressistas, dos reacionários, dos imperialistas, e assim por diante, tem sido, desde sempre, o fator de agregação que mantém vivo o espírito do antagonismo do "nós" contra "eles".

Agir ou reagir ao medo nem sempre leva a decisões acertadas, tampouco nos aproxima da verdade sobre uma questão.

SEGUNDO EXEMPLO
"Vocês são pessoas sensatas, inteligentes e capazes, portanto vão concordar comigo que isto é o melhor a ser feito."

Mais uma vez nos deparamos com um clássico recurso retórico de adular a audiência ou o interlocutor de modo a convencê-lo.[21] Como todos nós adoramos receber elogios, o simples fato de que alguém reconheça os nossos méritos, quaisquer que sejam eles, já pode ser o suficiente para enuviar o nosso senso crítico. Basta pensar em como vendedores atuam para nos convencer a levar aquela roupa que ficou ridícula quando a provamos: "Este macacão ficou lindo em você, valorizou o seu corpo. Com este cinto, você vai arrasar!". Neste caso, a conclusão implícita é "compre logo esta porcaria para eu ganhar minha comissão".

TERCEIRO EXEMPLO
"Tem crianças passando fome na África. Você precisa comer tudo o que está em seu prato."

21. Sobre o uso retórico da emoção, vale consultar o engraçadíssimo trabalho de Jay Heinrichs (2007), que me serviu de inspiração para alguns exemplos.

Os pais que nunca disseram isso a seus filhos que atirem a primeira pedra. Esse estratagema é conhecido como *apelo à piedade* e aparece constantemente em campanhas beneficentes, quando você é convencido a fazer uma doação por causa do sofrimento alheio. A compaixão, nossa capacidade de nos comovermos com a dor dos outros ao ponto de tentar mitigá-lo, termina por ser um ponto fraco quando se trata de argumentação.

Tentar melhorar o mundo até pode ser um bom argumento racional, mas, como no exemplo mencionado, não há nenhuma relação entre o seu filho comer toda a comida no prato dele e a condição de crianças famintas em qualquer parte do mundo. Este argumento faria mais sentido: "Há crianças passando fome na África, portanto, devemos doar para esta campanha que levará alimentos até elas".

QUARTO EXEMPLO

"Você diz ser contra o desarmamento da população, mas queria ver você entrar na favela para tirar os fuzis dos traficantes."

Apelo ao ridículo é quando alguém tenta refutar o argumento do interlocutor tratando a sua posição como absurda ou risível, em vez de confrontar de fato o argumento ou as evidências apresentadas.

Quando se trata dessa questão do desarmamento, é evidente que ela vale tanto para o cidadão que respeita a lei quanto para o criminoso, visando reduzir o número de mortes e violência com armas de fogo em determinada sociedade.

Num cenário como esse, quem estivesse armado poderia ser facilmente identificado como um transgressor da lei, e caberia às forças de segurança assegurar que os criminosos, ou seja, pessoas que já estão transgredindo a lei, sejam capturados e venham a ser punidos, o que, aliás, já é a atribuição das forças policiais. Não deveria ser atribuição do cidadão assegurar sua própria segurança ou a de sua comunidade. Por fim, defender o desarmamento da população não implica necessariamente a defesa da tese do desarmamento das forças policiais ou militares, mas do cidadão comum.

Diante de um apelo ao ridículo, cabe demonstrar como, na verdade, não houve uma contestação real do argumento, mas um desvio para atacar algo que não é central.

Conclusão: embora apelar para a emoção seja realmente um recurso impactante e poderoso, responder expondo a tentativa de manipular a audiência pode se voltar contra quem faz isso.

Nenhum de nós gosta de ser manipulado.

Voltando ao exemplo do vendedor, quantos de nós não nos sentimos ludibriados após comprar algo de que não precisávamos só porque o vendedor nos passou a lábia? Passar a conversa pode ser um bom negócio para vender um produto, mas um péssimo negócio para fidelizar um freguês.

Faça o que mando, ou sofra as consequências

Imagine que um pai queira educar seu filho, que passa horas jogando videogame em vez de estudar. Ele vira para o filho e diz:

> "Quero que você largue agora o videogame e vá para o seu quarto fazer a sua lição de casa, senão vai ficar de castigo."

Aqui temos uma relação de hierarquia, na qual as duas partes não estão em pé de igualdade. O pai tem o poder de impor ao filho o castigo prometido: cortar a mesada, proibi-lo de ir a uma festa ou de ver os amigos, ou qualquer outra punição que possa vir a convencer o filho de que compensa obedecer. Mas nem sempre ameaças ou intimidação pretendem ser argumentos.[22]

Se alguém disser "vou te matar", não se trata de uma tentativa racional de convencer alguém; é simplesmente uma ameaça. No entanto, se um soldado na fronteira de um país, ao ver um grupo de contrabandistas entrando com um carregamento de drogas, disser no megafone "Entreguem-se, senão seremos obrigados a disparar", por mais que também se configure uma ameaça de violência, é também uma fala que visa persuadir.

A imposição da força, ou sua promessa, pode se valer da racionalidade e ser um argumento válido. "Se você cometer um crime, será preso" não se trata de uma ameaça, mas da exposição lógica e causal considerando as leis de um país.

Neste caso, poderíamos explicitar melhor o argumento do seguinte modo.

> Homicídio é um crime de acordo com o código penal.
> A pena para homicídio é de seis a vinte anos de detenção.
> João cometeu um homicídio.
> Logo, João terá de cumprir uma pena de pelo menos seis anos de detenção.

Contudo, em várias ocasiões, a ameaça ou a intimidação é simplesmente uma falácia lógica, como no caso do pai ameaçando o filho de castigo. Nesse caso, o filho até poderia indagar: "Mas por que devo ficar de castigo?". A resposta do pai, se ele for esclarecer as subpremissas desse argumento, poderia ser:

---

22. Um dos esforços de Gary James Jason (1987) foi o de distinguir meras ameaças de falácias de apelo à força.

Um aluno precisa fazer seus deveres de casa para ser aprovado na escola.
Você não quer fazer seus deveres.
Portanto, você não será aprovado.

Aqui temos um argumento válido, porém o castigo imposto não decorre dele, mas de outro que não está presente nesse argumento de apelo à força (*argumentum ad baculum*), que pode ser o seguinte:

Eu estou mandando fazer a lição de casa.
Filhos devem obedecer aos pais.
Filhos que desobedecem a seus pais devem ser punidos.
Você não obedeceu a seu pai.
Logo, você deve ser punido.

Na ameaça de castigo feita pelo pai, o que está em jogo não é o dever de casa, mas sim a obediência, a relação de poder.

FORMA DA FALÁCIA DE APELO À FORÇA
Se X não aceitar Y, ocorre Z.
Z é um castigo, consequência negativa, para X.
Portanto, Y é verdade.

Apelo à tradição e à novidade

Você certamente já deve ter ouvido a expressão "em time que está ganhando não se mexe". O raciocínio por detrás da frase é evidente.

O time ganhou várias partidas ao escalar certos jogadores e implementar determinadas táticas.

O time quer continuar ganhando.

Logo, manteremos a escalação e as mesmas táticas.

Esse é o mesmo princípio por detrás de toda e qualquer tradição humana: sempre fizemos assim, as coisas funcionaram, portanto continuaremos fazendo como sempre fizemos. Para que arriscar?

No entanto, qualquer pessoa que já investiu em bolsa de valores ou outros investimentos de alto risco sabe que "rendimentos passados não significam rendimentos futuros", isto é, aquilo que fizemos anteriormente não é nenhuma garantia de que funcionará daquele ponto em diante.

Imaginemos um construtor de carroças assistindo à massificação dos automóveis no começo do século 20. Se ele adotasse o pensamento de que "as pessoas utilizaram a tração a cavalo durante milênios, portanto nunca será substituída por carros", você pode imaginar que, em uma questão de poucas décadas, ele estaria enfrentando grandes dificuldades. A transição tecnológica não foi imediata, assim como não foi o fim das máquinas de escrever ou das videolocadoras, mas se resguardar na tradição pode significar que você não compreenderá a marcha dos tempos e o fim de uma era que abre caminho para outra.

Isso também vale para práticas que hoje consideramos bárbaras ou retrógradas, mas que um dia já foram legitimadas, inclusive por livros sagrados ou pela lei. Por exemplo, a Bíblia prevê apedrejamento de adúlteros e homossexuais.[23] Se fôssemos seguir a tradição, ainda hoje seríamos obrigados a assistir a cenas pavorosas de mulheres e homens sendo executados em praça pública. E, até muito recentemente, a justiça brasileira reconhecia o recurso argumentativo de "legítima defesa

---

23. Sobre apedrejamento de adultos, consultar Levíticos 20:10; sobre apedrejamento de homossexuais, ver Levíticos 20:13.

da honra" em casos de assassinatos de mulheres adúlteras por seus maridos, e o assassino poderia ser inocentado do crime.

Mas, retornando ao time vencedor, poderíamos reformular a expressão e torná-la mais rigorosa.

> "Temos adotado uma escalação forte, com jogadores muito competentes que já provaram em campo a sua capacidade, e as nossas táticas têm sido eficazes. Ao analisarmos como o nosso próximo adversário joga, como ele atua em campo, temos confiança de que poderemos ter um bom desempenho e derrotá-los. Portanto, manteremos tudo como está."

Agora não é feito apenas um *apelo à tradição* (*argumentum ad antiquitatem*), mas há uma justificativa coerente e convincente de por que deveríamos, neste caso e circunstância particular, manter as práticas que já adotávamos.[24]

No sentido contrário, temos aquilo que se chama *apelo à novidade* (*argumentum ad novitatem*), que é quando um argumento se fundamenta no simples fato de algo ser novo ou inovador.

> "Este automóvel é o mais moderno do mercado, com tecnologia de ponta, com computador de bordo e sistema de entretenimento completamente renovado. *É o melhor do* mercado."

Todas as qualidades apresentadas para convencer um eventual comprador estão relacionadas ao fato de serem novidades, mas isso não assegura que o carro seja mais econômico, eficaz, seguro ou mesmo melhor que um automóvel mais antigo sem esses recursos.

---

24. Jim Gough (1999) defende que o "apelo à tradição" deve ser entendido nos moldes do "apelo à autoridade"; em certos casos é de fato falacioso, embora em outros possa ser entendido como um argumento válido.

O mesmo vale para telefones celulares, computadores, softwares e qualquer outra tecnologia. No campo da informática, por exemplo, é notório que, quando um novo programa ou versão é lançado no mercado, é provável que venha com vários *bugs* que precisarão ser solucionados em atualizações posteriores. Pode até ser que haja muitas melhorias, o que não significa que seja necessariamente melhor pelo simples fato de ser novo. Pode até ser pior, ou igual, mas com meras alterações cosméticas.[25]

No caso do vendedor de automóveis, ele poderia apresentar outras qualidades.

"Este novo automóvel apresenta o que há de melhor em tecnologia e aprimorou aquilo que já funcionava no modelo anterior, além de sanar problemas relatados. Agora é mais seguro e mais econômico. Além disso, está entre os dez melhores automóveis em pesquisas de opinião com compradores. Você vai adorar."

A voz do povo é a voz de Deus

No ano 798, o erudito Alcuíno de York enviou uma carta ao rei Carlos Magno na qual afirmava que "não se deve prestar atenção àqueles que dizem que a voz do povo é a voz de Deus, pois o povo revoltoso se aproxima sempre da insanidade".[26]

---

25. "Se for alegado que uma tecnologia fornece novos e revolucionários produtos e efeitos, apenas um tolo suporia que todos eles sejam desejáveis e benéficos", afirma Joachim Schummer (2008) ao mencionar as novidades no campo da nanotecnologia, citando textualmente, inclusive, a falácia de "apelo à novidade".
26. "*Nec audiendi qui solent dicere,* Vox populi, vox Dei, *quum tumultuositas vulgi semper insaniae proxima sit*", carta 164, em *Works*, v. 1, 1863.

Esse é o primeiro registro da expressão "a voz do povo é a voz de Deus" (*vox populi, vox Dei*), embora seja uma crítica a essa falácia lógica conhecida como *apelo à maioria* (*argumentum ad populum*).

Vejamos como ela funciona. Dois amigos estão conversando sobre qual é a melhor banda do século 20. Um deles apresenta o seguinte argumento:

> "Não há dúvida de que os Beatles são a melhor banda, pois bateram todos os recordes de venda e ocuparam várias vezes a primeira posição da *Billboard*."

O que ele pretende provar é que o fato de a banda ter sido extremamente popular em sua época (e ainda hoje) seria algum indício de qualidade musical. Embora eu pessoalmente concorde que os Beatles sejam de fato a melhor banda, isso não tem nenhuma relação com a quantidade de discos vendidos ou número de fãs. Do mesmo modo que grandes bilheterias no cinema ou exemplares vendidos de um livro não representam qualquer tipo de mérito artístico ou literário. Que muitas pessoas, ou a maioria, aprovem ou rejeitem certa ideia, projeto ou produto não impacta em sua veracidade, utilidade ou qualidade.[27]

Durante séculos, graças à influência da religião cristã, difundiu-se a crença generalizada de que a Terra era plana e o centro do universo. Essa crença não torna verdadeira a afirmação de "a Terra é plana porque a maioria das pessoas acredita que é". É simplesmente uma falsidade perpetuada pela força da conformidade coletiva ou pelo temor

---

27. Douglas Walton (1980) analisa o "apelo à maioria" indagando a natureza da falácia e, mais do que isso, se o *ad populum* sequer pode ser considerado um argumento.

das consequências de instituições religiosas repressivas (ver *argumentum ad baculum*, na página 85).

Nesse caso em particular, foi necessário que cientistas ousassem confrontar a falsa crença coletiva, sendo inclusive perseguidos e ameaçados pela Inquisição, como foi o caso notório de Galileu, já mencionado, para que gradualmente a mentalidade fosse mudando rumo a um conhecimento fundamentado na ciência, com base em evidências e critérios, em vez de calcado na crença e nas interpretações fundamentalistas da Bíblia.

O pensamento crítico e o raciocínio lógico nos levam, em inúmeras ocasiões, a nadar contra a corrente e a desafiar a voz do povo.

Não deixa de ser curioso que a primeira menção à expressão "a voz do povo é a voz de Deus", pela pena de Alcuíno de York, seja justamente uma crítica a esse tipo de falácia argumentativa.

FORMA DA FALÁCIA DE APELO À MAIORIA
A maioria acredita que X seja verdadeiro.
Logo, X é verdadeiro.

Mas isso é um absurdo!

Conhecida como *apelo à pedra* (*argumentum ad lapidem*), esta falácia lógica ocorre quando alguém defende que certa afirmação é absurda ou falsa sem apresentar qualquer prova disso. Por exemplo:

> Pessoa A: "Numa sociedade na qual a desigualdade for erradicada, todos poderão realizar seu real potencial".
> Pessoa B: "É impossível erradicar a desigualdade. Isso é um absurdo!".

Se fôssemos estruturar esse diálogo como um argumento, seria assim:

A ideia de uma sociedade sem desigualdade é absurda, portanto é falsa.

Na verdade, a proposição até poderia ser realmente absurda, mas, para justificá-la, seria necessário muito mais do que simplesmente expressar o fato. O interlocutor deveria apresentar uma série de exemplos de sociedades ou contextos nos quais houve um esforço malsucedido para a redução da desigualdade e como as consequências foram catastróficas para as pessoas envolvidas. E, evidentemente, isso também seria passível de contraexemplos do primeiro debatedor.

FORMA DA FALÁCIA DE APELO À PEDRA
X parece ser absurdo.
Logo, X é falso.

Dois errados fazem um certo?

Há um ditado que diz que "dois errados não fazem um certo". Essa é mais uma daquelas pérolas da sabedoria popular que basicamente questiona a retaliação ou a vingança.

O primeiro código de leis da humanidade, o código de Hamurabi, propunha muitas soluções nesse sentido, como "olho por olho, dente por dente",[28] que se refletem também nas leis de Moisés.

---

28. Exemplos de punições do Código de Hamurabi: "196º – Se alguém arranca o olho a um outro, se lhe deverá arrancar o olho. 197º – Se ele quebra o osso a um outro, se lhe deverá quebrar o osso". E como isso é reproduzido na Bíblia: "Se alguém causar defeito em seu próximo, como ele fez, assim lhe será feito: fratura por fratura, olho

Mas o fato é que, pela lógica, não faz sentido querer reparar um erro cometendo outro erro. Matar alguém para vingar uma morte, agredir alguém para reparar uma agressão, humilhar alguém para pagar uma humilhação.

Aliás, não é apenas um erro lógico. Para muitas correntes filosóficas e religiosas, também é uma falha moral. Para que a retaliação faça sentido, seria necessário apresentar evidências de como sua aplicação surtiria o desejado efeito reparatório na sociedade ou nos indivíduos. Portanto, "ladrão que rouba ladrão tem cem anos de perdão" pode ser considerado uma falácia lógica.

É a vontade de Deus

Não temos como negar que há muitas coisas inacreditáveis e, ocasionalmente, até mesmo que nos pareçam inexplicáveis. Apesar de o nosso conhecimento humano ter avançado muito nos últimos séculos graças à revolução científica, ainda há muita coisa que não sabemos ou que ainda não somos capazes de compreender.

Há uma tendência a pensar na ciência, ou mesmo no advento da filosofia na Grécia Antiga, em oposição ao pensamento mítico ou religioso, como se fossem antagônicos. No entanto, suponho que tanto as respostas religiosas quanto as científicas brotem de uma necessidade essencial de entender e gerenciar o caos. Os métodos, os resultados e as consequências podem ser distintos, mas o ponto de partida é o mesmo.

Ao longo da história humana, diferentes povos e civilizações conceberam respostas diversas para a existência, para a criação do mundo, para

por olho, dente por dente; como ele tiver desfigurado a algum homem, assim se lhe fará" (Levítico 24:19-20).

o propósito de nossa vida humana, para os fenômenos naturais e para os mistérios que nos cercam. De acordo com uma pesquisa de 2012, cerca de 84% da população mundial profere a crença em alguma religião.[29] Ou seja, embora a crença em divindades ou em respostas transcendentais seja disseminada, esse é um péssimo argumento racional.

A *falácia divina*, ou falácia da incredulidade, é justamente quando, diante de algum fenômeno ou evento inexplicável, o interlocutor recorre a uma resposta transcendental, a alguma força divina, a seres de outras dimensões ou a elementos paranormais.

Basta pensarmos nos chamados "milagres", a estátua de uma santa chorando, um pastorzinho tendo a visão da Virgem Maria ou algum sonho que pareça premonitório. Para muitos desses eventos, haveria uma resposta plausível e científica, mas é muito mais prático, quase automático, para o fiel de algum dogma recorrer a uma resposta divina – a vontade de Deus, intervenção divina ou simplesmente um milagre.

O já mencionado cientista Carl Sagan popularizou o aforismo que veio a ser conhecido como o "padrão Sagan": "alegações extraordinárias requerem evidências extraordinárias".[30]

Não podemos descartar de antemão a possibilidade do sobrenatural, mas, se o interlocutor recorre a uma falácia divina e tenta justificar sua posição com base em Deus, deuses, fantasmas, intervenção divina ou qualquer outra afirmação paranormal, cabe a ele apresentar evidências robustas e incontestáveis para sustentá-la, de modo a descartar qualquer outra explicação plausível e científica. Como em qualquer outro caso, o ônus da prova recai sobre quem afirma. Se trouxer Deus

---

29. PEW RESEARCH CENTER. *The Global Religious Landscape*, 18 dez. 2012. Disponível em: https://www.pewforum.org/2012/12/18/global-religious-landscape-exe. Acesso em: 30 maio 2022.
30. Afirmação feita por Sagan no episódio 12 da série *Cosmos: A Personal Voyage*, que foi ao ar nos Estados Unidos em 14 de dezembro de 1980.

para a história, terá de provar, já que ninguém é obrigado a compartilhar de suas crenças religiosas.

FORMA DA FALÁCIA DIVINA
1. Não consigo acreditar que F seja verdadeiro, logo, F é falso.
2. Não consigo acreditar que F seja falso, logo, F é verdadeiro.

De volta às origens

Quando Heráclito proferiu que "não podemos nos banhar duas vezes no mesmo rio porque as águas se renovam a cada instante", ele obviamente falava da impermanência, de como tudo no mundo está o tempo todo mudando, não apenas o rio, mas a própria pessoa que nele se banha.

No entanto, não podemos negar que, apesar dessas transformações, também há uma dívida com a origem. Há um elo que nos une ao nosso passado, à nossa juventude e infância, ao lar onde nascemos, ou à comunidade na qual crescemos. Então, o vínculo que ata o agora ao passado, que liga a derivação à origem, acaba acarretando um erro de raciocínio bastante usual, *a falácia genética*, que é quando alguém se baseia na origem, história ou fonte de algo ou alguém, em vez de seu estado atual. Vejamos um exemplo:

> Por que um filósofo precisaria de um diploma de filosofia? Na Grécia Antiga, grandes pensadores como Sócrates, Platão e Aristóteles não tinham nenhum diploma. E não dá para ousar afirmar que eles não eram filósofos.

Ou outro caso:

Maria nasceu numa família de latifundiários, com uma longa tradição, no século 19, de explorar a mão de obra escravizada. É natural esperar que ela reproduza essa visão racista e elitista.

Ou um último exemplo:

Por que você insiste em se casar de branco? Este é um legado vitoriano para expressar pureza e virgindade. É um símbolo de opressão da mulher.

Assim como ocorre na *falácia etimológica* em relação às palavras, na falácia genética há um retorno descontextualizado ao passado como se hoje aquela prática ou a pessoa fosse exatamente idêntica ao que já foi.

As mulheres se vestem de branco porque é um costume (o que pode vir a ser criticado também, como podemos observar na *falácia de apelo à tradição*), mas muitíssimas noivas nem sequer se apegam ao significado original do vestido branco.

Ou uma pessoa que tenha nascido num lar repleto de preconceitos pode, ao longo da vida, compreendê-los e fazer um esforço genuíno para enfrentá-los ou evitar reproduzi-los. Não está fadada a ser preconceituosa.

Enfim, sobre o diploma de filosofia, isso vale para praticamente qualquer campo profissional existente. Na Grécia Antiga, médicos e construtores também não possuíam diplomas – aliás, nem sequer havia nada parecido com uma universidade, que é um legado medieval[31] e só se popularizou no século 20 –, portanto, era inevitável que, em muitas profissões, os requisitos para exercê-las fossem mínimos, sem qualquer exigência educacional formal. Mas duvido que, atualmente,

---

31. A primeira universidade foi fundada em 895 por Fatima al-Fihri, a Universidade de Al Qarawiyyin, no Marrocos. A primeira universidade europeia, ainda em operação, foi a Universidade de Bolonha, fundada aproximadamente em 1180.

você se consultaria com um médico sem formação em medicina ou contrataria um engenheiro sem diploma para construir sua casa.

O fato de algo ter sido de um modo no passado ou em sua origem não significa que seja, ou deva ser, exatamente igual hoje.[32]

FORMA DA FALÁCIA GENÉTICA
É apresentada a origem da afirmação.
Portanto, a afirmação é verdadeira/falsa.

Essas são as principais falácias de critério de relevância, pois, como você pode ter notado, tiram o foco do problema real – daquilo que é relevante – para tentar vencer o adversário. Prosseguiremos agora para outro grupo, o das falácias que violam a aceitabilidade.

---

32. Andrew Ward (2010) analisa essa falácia e adverte sobre os possíveis usos legítimos da crítica genealógica para compreender um fenômeno. A ressalva é feita justamente em relação à inferência automática de "se era assim no passado, então é assim hoje", mas, em muitas ocasiões, compreender a origem contribui para a compreensão de seu estado presente.

12. Falácias que violam o critério da aceitabilidade

Ou é meu amigo, ou é meu inimigo

No campo do debate político, mas não só, há uma irresistível tendência a operar no modo maniqueísta de bem contra o mal, ou de amigos contra inimigos. Essa simplificação da realidade não é algo inédito, tampouco um fenômeno exclusivo de nossa era. Mais do que um recurso argumentativo, representa um jeito de empreender a própria disputa política – o espírito de nós contra eles.[33]

Podemos dizer que aqui temos um exemplo emblemático daquilo que se conhece como *falácia da falsa dicotomia*, ou do *falso dilema*, quando o argumento apresenta apenas duas posições conflitantes como se fossem as únicas possíveis.

---

33. Como o discurso do presidente George W. Bush no Congresso norte-americano após os atentados de 11 de Setembro, ao afirmar que "ou vocês estão conosco, ou estão com os terroristas"; exemplo proposto por J. Brisson, H. Markovits, S. Robert *et al.* (2018).

Imaginemos uma comissária de bordo em um avião, e, na hora do serviço de bordo, ela lhe oferece a refeição: "Frango ou massa?". Um avião não é um restaurante, portanto provavelmente essas serão, de fato, as duas únicas possibilidades de escolha. Se você responder que quer risoto, a comissária simplesmente lhe repetirá as duas únicas opções disponíveis naquele momento, frango ou massa.

Entretanto, na maior parte das situações reais, raramente nós nos deparamos com apenas duas opções, pelo simples fato de que a realidade não costuma ser binária ou dicotômica. O mundo não é dividido entre fascistas e comunistas, entre cristãos e hereges, entre burgueses e proletários – as coisas são bem mais complicadas.

Poderíamos enunciar a forma dessa falácia da seguinte maneira:

FALÁCIA DA FALSA DICOTOMIA
Ou X ou Y é verdadeiro.

Sendo assim, se X for verdadeiro, logo Y é falso, e vice-versa. Se você escolher comer frango (X) em seu voo, você não comerá massa (Y).

Pensemos num debate sobre meritocracia, se numa sociedade como a nossa as pessoas realmente conseguem prosperar graças a seus próprios méritos e esforço.

Um dos debatedores afirma o seguinte:

"Não tem segredo. Ou você se esforça, ou jamais conseguirá nada nesta vida. Portanto, se você tiver garra, vai conseguir."

Essa é uma típica afirmação que poderíamos encontrar em algum livro de autoajuda ou em palestras de *coaches* famosos do momento. Nela, encontramos uma falsa dicotomia:

1. Você se esforça e vence (X).
2. Ou você não se esforça e perde (Y).

A conclusão é óbvia: se você quiser vencer na vida, terá de se esforçar. Contudo, como bem sabemos, a realidade é mais complicada do que isso. Há quem se dedique e realmente consiga vencer, mas há aqueles que se dedicam e não conseguem. Há os que não se esforçam e não prosperam, e há aqueles que, a despeito de sua falta de garra, são bem-sucedidos. Pois, em qualquer sociedade capitalista, o sucesso (entenda-se financeiro) depende de inúmeros fatores externos ao esforço individual: o ambiente familiar, o país em que se nasceu, a classe social, a formação educacional, o talento pessoal, a rede de relações e contatos, além de muitos outros aspectos contingentes, incluindo também uma grande dose de acaso.

Ao se deparar com argumentos montados sobre uma falácia de falsa dicotomia, a primeira tarefa a ser feita é a de mostrar como não há apenas aquelas duas alternativas, que não há apenas frango ou massa. Aliás, esmiuçar as sutilezas da realidade é um dos grandes desafios da investigação e da construção do conhecimento.

A caridade cristã e a crença de que todos os políticos são corruptos

Por certo, você já deve ter ouvido algumas generalizações do tipo:

Todo homem é safado.
Toda mulher é interesseira.
Todo político é corrupto.

Toda generalização é uma armadilha lógica, *incluindo esta mesma generalização*, mas, nos casos específicos citados, estamos nos referindo a um tipo de erro de argumentação chamado de *falácia da composição*, que é quando se presume que o atributo de uma parte vale para o todo.[34]

Voltemos aos exemplos. É evidente que existem homens safados, mulheres interesseiras e políticos corruptos. A quantidade de safados, interesseiras ou corruptos pode variar de acordo com a cultura e o tipo de sociedade. Em alguns países, pode haver mais homens safados e menos mulheres interesseiras do que em outros, mas, mesmo se fossem a maioria, ainda assim seria um erro atribuir ao *todo* uma característica que pertence a uma *parte*.

Pensemos nos políticos, uma classe particularmente desprezada mundo afora, vista até com um certo antagonismo. É óbvio que há políticos corruptos, mesmo em nações com índices baixíssimos de corrupção, mas isso significa que todo mundo que se elege na política é desonesto e propenso a ser corrompido?

Essa é uma inferência para a qual não encontramos justificativa no mundo real. Certamente há muitos políticos honestos e que têm uma carreira irrepreensível na vida pública. O desvio de alguns, ou mesmo de muitos, não deveria servir de pretexto para julgar todo o conjunto.

Para ilustrarmos o absurdo do raciocínio e como opera a falácia, pensemos num automóvel. Os pneus de um carro são feitos de borracha, ou seja, é o atributo de uma das partes do veículo, no entanto, ele é composto de muitas outras partes, produzidas a partir de outros materiais. O fato de uma parte do automóvel ser de borracha não nos permite inferir que todo o carro é feito de borracha.

---

34. "A falácia da composição ocorre quando se argumenta da parte para o todo ou se confunde integrantes de um grupo com o próprio grupo", como explicam James Gough e Mano Daniel (2009).

FORMA DA FALÁCIA DA COMPOSIÇÃO
A é parte de B.
A tem a propriedade X.
Logo, B tem a propriedade X.

Por outro lado, há um erro de argumentação que segue no sentido inverso, do geral para o particular, conhecido como *falácia da divisão*, quando se atribui às *partes* características do *todo*.

O cristianismo é uma religião historicamente fundamentada na caridade. É o exemplo evangélico de Jesus, que cuidava dos pobres, alimentava-os e realizava curas. É um dos princípios elementares da religião,[35] portanto não seria exagero pensar que é uma prática recomendada a todos os fiéis cristãos. Mas, apesar de o cristianismo ser fundamentado na caridade, podemos supor que todos os cristãos são caridosos?

Sem dúvida, há muitos devotos que realmente praticam a mensagem de Jesus, contudo, também há muitos que nem sequer se esforçam. Há quem entenda que não precisa ser caridoso; há quem veja na religião apenas uma convenção social na qual nasceu e da qual não pretende se desgarrar, ou seja, tem de tudo. Simplesmente não é possível transferir o atributo do todo (os princípios da religião cristã, como a caridade) para suas partes constitutivas (os fiéis da religião).

---

35. Explicitado, por exemplo, no catecismo da Igreja Católica: "§1.822 – A caridade é a virtude teologal pela qual amamos a Deus sobre todas as coisas por Ele mesmo, e ao próximo como a nós mesmos, por amor de Deus". Disponível em: https://www.vatican.va/archive/cathechism_po/index_new/p3s1cap1_1699-1876_po.html. Também está presente nas 95 teses de Martinho Lutero que deram a marcha para a Reforma Protestante, como na 44ª tese: "E que pela obra de caridade cresce o amor ao próximo e o homem torna-se mais piedoso; pelas indulgências, porém, não se torna melhor senão mais seguro e livre da pena".

Basta que imaginemos uma pizzaria considerada a melhor da cidade pelos críticos e com excelentes avaliações dos fregueses. Certa noite, você vai com os amigos, e a experiência é horrível – comida ruim e péssimo atendimento. O fato de a pizzaria ser considerada a melhor não significa que todos os dias ou que toda pizza servida serão as melhores experiência para o freguês. Pode ser que, por alguma razão, naquele dia fatídico, o pizzaiolo tenha ficado doente, sido substituído por outro funcionário que não sabia preparar a massa e que isso tenha afetado o serviço. O atributo do todo, "a melhor pizzaria", dificilmente pode ser estendido para as partes, as pizzas individuais ou todos os dias de atendimento.

FORMA DA FALÁCIA DA DIVISÃO
A é parte de B.
B tem atributo X.
Logo, A tem atributo X.

O caminho do meio

É do senso comum que, na vida, tudo em excesso é prejudicial. Beber demais faz mal. Comer demais pode acarretar problemas de saúde. Sexo demais é uma compulsão. E assim por diante.

Aristóteles é conhecido por resgatar e oferecer como modelo, em sua obra *Ética a Nicômaco*, a noção da "justa medida", ou seja, o ponto intermediário entre excessos de comportamento que se aproximam de vícios, a coragem excessiva que se torna inconsequência, ou a covardia demasiada que causa desonra.[36]

36. "μεσότης τις ἄρα ἐστὶν ἡ ἀρετή, στοχαστική γε οὖσα τοῦ μέσου." "Portanto, a virtude é o estado intermediário, posto que visa atingir o ponto médio" (tradução livre). ARISTÓTELES, *Ética a Nicômaco*. Livro II, vi, 1106b.

Embora a moderação seja um excelente conselho em incontáveis ocasiões, a própria noção de que o meio do caminho, o ponto intermediário, a moderação por si própria é sempre a postura ou posição correta, é uma falácia lógica conhecida como *apelo à moderação* (*argumentum ad temperantiam*).

Num debate, pode ser que as duas partes concordem em chegar a um terreno comum, a um meio-termo, pois, dados os argumentos e as evidências apresentadas, parece ser a solução mais razoável para aquela questão em disputa.

Vamos supor que haja um debate sobre a aplicação da pena de morte. De um lado, temos um punitivista penal, e do outro, um abolicionista penal. O primeiro defende que a pena de morte deveria ser aplicada a todo tipo de crime hediondo, enquanto o segundo afirma que não deveria ser aplicada em nenhuma circunstância.

Nos parece impossível que haja qualquer possibilidade de que um dos dois faça concessões em suas posições, pois, acima de tudo, a questão tem a ver com noções essenciais de direitos humanos e de uma visão sobre que tipo de punição seria capaz de reparar o dano causado pelo crime perpetrado, porém vamos supor que as duas partes estivessem dispostas a obter uma resolução e encontrar um meio-termo.

O primeiro interlocutor, o punitivista, aceita recuar um pouco e reconhecer a aplicação da pena de morte para alguns poucos casos específicos, enquanto o outro aceita que, considerando o objetivo do sistema penal, a reabilitação do criminoso deveria considerar que certos indivíduos não conseguiriam ser reinseridos na sociedade, portanto, em situações extremas e excepcionalíssimas, a aplicação da pena capital poderia ser justificada.

Entretanto, nesse exemplo específico, deparamo-nos com duas pessoas dispostas a dar um passo atrás e abrir mão de suas convicções inabaláveis.

Em muitos debates, se fôssemos pensar em seu caráter dialético, seria de se esperar que o desfecho levaria, de fato, a uma fusão dos melhores argumentos, isto é, à síntese. Por outro lado, não apenas é raro que isso ocorra, como também nem sempre é possível encontrar um meio-termo.[37]

Voltemos ao exemplo da pena de morte e abordemos um caso específico, de um único indivíduo responsável por um crime brutal. A acusação pede a pena de morte, enquanto a defesa almeja que a condenação seja a de prisão. Nesse caso, não há meio-termo possível: ou o condenado será executado, ou não será. Não existe meio morto. Ou pensemos na questão da existência de Deus. Aqui, não há meio-termo possível: ou ele existe, ou não existe.

De qualquer modo, embora a moderação possa ser um valor a ser defendido, não significa que seja sempre a posição correta ou verdadeira.

Martin Luther King Jr., durante a luta por direitos civis nos Estados Unidos dos anos 1960, era chamado de radical e extremista por exigir o fim da segregação racial no país, e ele mesmo, numa carta, reconhece que, se para defender a causa da justiça tenha de ser chamado de extremista, é o que fará.[38] Afinal de contas, em certas circunstâncias extremas, medidas extremas acabam se tornando necessárias.

Mesmo assim, beber e comer com moderação ainda continuam sendo ótimas recomendações.

---

37. Scott F. Aikin e John P. Casey (2022) analisam com muito mais profundidade ocorrências dessa falácia, principalmente no campo político.
38. "Portanto, a questão não é se nós seremos extremistas, mas que tipo de extremistas seremos. Seremos extremistas pelo ódio ou seremos extremistas pelo amor? Seremos extremistas pela preservação da injustiça ou seremos extremistas pela causa da justiça?" (tradução livre). KING JR., Martin Luther (1963).

Andando em círculos

Talvez uma das falácias mais cometidas por crianças seja a de usar como premissa aquilo que se quer concluir, o que é conhecido desde a Antiguidade como *petição de princípio* (*petitio principii*). Um exemplo ilustra melhor como funciona:

> A emissão de gases do efeito estufa causa grande impacto ambiental e é responsável direta pelas mudanças climáticas, portanto devemos reduzir a emissão para evitar maiores danos ambientais.

Como é possível perceber, tanto a premissa quanto a conclusão são praticamente idênticas e afirmam a mesma coisa.

Uma variação dessa falácia é conhecida como argumento circular e pode ser observada no seguinte caso:

> Religioso: "Se você quiser uma resposta para as grandes questões que inquietam a humanidade, você precisa ler a Bíblia, a verdadeira e única palavra de Deus".
> Ateu: "Mas quem garante que a Bíblia é realmente a palavra de Deus?".
> Religioso: "Está escrito na Bíblia: 'Eu sou o caminho, e a verdade e a vida; ninguém vem ao Pai, senão por mim'".[39]

Ou seja, o religioso defende que a Bíblia é a palavra de Deus porque está escrito na Bíblia.

Outro modo é induzir o seu interlocutor a aceitar a sua conclusão antes mesmo de apresentar o argumento. Por exemplo:

---

39. João 14:6.

"Como bem sabemos, se o criminoso souber que a vítima está desarmada, isso lhe dará a convicção de que poderá cometer o crime sem qualquer reação, portanto autorizar o porte de arma é um meio de desestimular o infrator ao crime."

Aqui, o debatedor está forçando o interlocutor a uma posição que o obrigaria a aceitar a conclusão, porém não há nada que nos assegure de que estar armado ou desarmado afete a convicção de um criminoso em assaltar alguém. Basicamente, o argumento é "devo estar armado porque, assim, o criminoso saberá que estou armado".

Por fim, outro subtipo importante é a *petição de princípio definicional*. Nessa situação, é apresentada uma definição, tida como verdadeira e que forçaria a aceitação da conclusão.

"Nenhum indivíduo racional comete crimes passionais. Portanto, o meu cliente não estava em posse de suas faculdades racionais."

Ou

"O amor de verdade nunca acaba em divórcio, portanto, se eles se separaram, é porque não era amor de verdade."[40]

Veja que, nesses dois exemplos, são apresentadas definições impossíveis de serem defendidas empiricamente, porque muitos indivíduos racionais podem cometer crimes movidos pela emoção (e serem responsabilizados por isso), e o amor, assim como os demais sentimentos, não é algo estático. Você pode nutrir certos sentimentos genuínos por alguém em determinado momento – amor, ódio, piedade –, mas eles

---

40. Exemplo citado tanto por Damer (2001) como por Bordes Solanas (2011).

podem simplesmente não durar. Não é porque hoje você já não ama a mesma pessoa que amava no passado que aquele sentimento não era verdadeiro.

O melhor modo para enfrentar essa falácia é demonstrar como o argumento é circular, de que maneira o interlocutor está forçando a conclusão já na própria premissa e, por isso, este não pode ser considerado um bom argumento.

FORMA DA PETIÇÃO DE PRINCÍPIO
Afirmação X estabelece que X é verdadeiro.
Portanto, afirmação X é verdadeira.

Com isso, encerramos o grupo das falácias por aceitabilidade. Mas e quando se tratam daquelas que violam o critério de suficiência, ou seja, supostos argumentos que são insuficientes para chegar a uma conclusão?

13. Falácias que violam o critério de suficiência

As palavras têm poder

As línguas se transformam e, com elas, o sentido das palavras. Expressões caem em desuso e gírias novas surgem todos os dias. Algumas terminam por se popularizar e entrar no repertório geral das pessoas, outras desaparecem – aliás, há um ramo de pesquisa chamado etimologia que estuda o desenvolvimento do sentido das palavras e como ele se transforma ao longo do tempo.

O fato é que muitas palavras que usamos atualmente têm, em sua origem, teor racista, misógino ou discriminatório, e há grupos que compilam listas e mais listas de palavras ou expressões "proibidas" ou "impróprias", justamente por carregarem ou reproduzirem preconceitos históricos que servem para marginalizar ou inferiorizar minorias. Seria uma das muitas formas de violência cultural, como propõe o trabalho do sociólogo Johan Galtung.[41]

---

41. GALTUNG, Johan. Cultural Violence, *Journal of Peace Research*, v. 27, n. 3, 1990, p. 291-305. Disponível em: https://www.galtung-institut.de/wp-content/uploads/2015/12/Cultural-Violence-Galtung.pdf. Acesso em: 30 maio 2022.

Porém, afirmar que o sentido de uma palavra em sua origem histórica, ou no passado, é idêntico ao dos dias de hoje é uma *falácia etimológica*. Por exemplo, supor que alguém seja necessariamente racista porque usa a palavra "mulato", que, segundo algumas interpretações, derivaria do uso no espanhol para a mula, um animal híbrido, resultado da cruza de um cavalo e uma jumenta. Ou que alguém seria antissemita por adotar o verbo "judiar", que representaria os maus-tratos perpetrados contra os judeus em diferentes períodos históricos. Ou mesmo homossexualismo em vez de homossexualidade, já que, supostamente, o sufixo *ismo* estaria relacionado a doenças, embora as pessoas continuem praticando atletismo, paraquedismo e aeromodelismo, sejam adeptas do socialismo ou liberalismo e vivam em nações com presidencialismo ou parlamentarismo.

Mesmo aceitando a importância de compreender as raízes de opressões históricas que estão na base de nossas sociedades, isso não torna o raciocínio menos falacioso.

É possível que uma palavra que tenha tido em sua origem um sentido negativo, positivo ou neutro hoje já não carregue mais a mesma carga de significado.

Um caso é o da palavra *denegrir*, hoje vista como uma palavra de cunho racista, mas que em sua origem latina significa simplesmente "tingir de preto" ou "macular", referindo-se ao contexto da Roma antiga, quando cidadãos das altas classes trajavam vestes branquíssimas que simbolizavam sua integridade moral. Denegrir alguém significava, e ainda significa, atacar a honra de uma pessoa, sem qualquer conotação racial.[42]

Mas podemos pensar num segundo exemplo, da própria palavra *filosofia*, que, em sua origem grega, nada mais quer dizer que "amor

---

42. "Denegrir" é, inclusive, um dos exemplos mencionados por Christopher Hutton (1998) ao falar de etimologia e da falácia genética.

ao saber", e foi concebida em parte em oposição aos sábios, ou seja, aqueles que se arrogavam detentores do conhecimento, e em oposição aos sofistas, ou seja, aqueles que apenas manipulavam o conhecimento para seu benefício próprio. O filósofo, representado em sua figura máxima em Sócrates, era aquele que se punha numa posição de humildade intelectual, de investigação, de busca pelo conhecimento: alguém que amava o saber e o buscava por meio da racionalidade.

Contudo, atualmente, filosofia significa muito mais. É uma disciplina com mais de dois mil e quinhentos anos de existência, ensinada nas universidades e escolas. Um filósofo já não é visto como alguém que parte na humilde jornada em busca do conhecimento, mas que ocupa o território que antes pertencia aos sábios. Os sábios de ontem são os filósofos de hoje, pelo menos na visão dos leigos.

A etimologia é um campo fascinante, e muitos filósofos flertaram com ela. Em seus trabalhos, empreendem um resgate de conceitos ou noções dos antigos filósofos e tentam remover o entulho de sentidos sobre as ideias acumulado ao longo dos séculos. Martin Heidegger faz isso com maestria em *Ser e tempo*, e Friedrich Nietzsche era por formação um filólogo, um estudioso do desenvolvimento das línguas, que acabou por se dedicar à filosofia.

O desenvolvimento do sentido não ocorre apenas com palavras carregadas com teor negativo, mas pode se dar com qualquer palavra ou conceito. Portanto, por mais instintivo e recorrente que venha a ser o uso falacioso da etimologia, vale ser cuidadoso e evitá-lo.

Mas isso está fora de contexto

Uma falácia derivada do apelo à autoridade irrelevante poderia ser identificada como *falsa atribuição*, que é quando se apela a uma fonte enviesada, inapropriada, sem qualquer qualificação ou simplesmente inventada para dar suporte a um argumento.

Há um ditado que afirma que "o papel aceita tudo". Isso quer dizer que o simples fato de existir algum livro, um documentário ou mesmo um trabalho acadêmico não significa que aquilo seja verdade, ou que houve qualquer preocupação do autor em se fiar aos fatos.

Em nossa época, identificada pelo dramaturgo sérvio Steve Tesich[43] como a era da pós-verdade, estamos simplesmente navegando numa rede de falsas referências na qual os participantes do debate público estão mais preocupados em avançar uma agenda política ou ideológica do que em estabelecer a verdade dos fatos.

Sendo assim, o recurso de falsa atribuição serve de ferramenta para debatedores inescrupulosos que almejam distorcer a percepção coletiva. É evidente que não é apenas um fenômeno de nossa época, tampouco inédito. Já foi utilizada de maneira muito eficaz por regimes totalitários que, adotando uma verdadeira máquina de propaganda, exerceram assustador controle sobre as massas. Foi um tema recorrente de George Orwell, que retratou esse cenário em suas obras de ficção *1984* e *A revolução dos bichos*, cujo mote central é justamente a manipulação maliciosa da verdade.

Ainda nesse sentido, encontramos a *falácia de citação fora de contexto*, quando uma frase ou ideia de alguém é pinçada com o propósito de distorcê-la.

"A minha fala está fora de contexto" é uma desculpa recorrente de muita gente após ter dito, de fato, algo que é confrontado com o repúdio público, no entanto, não é incomum que realmente uma fala ou uma citação fora de contexto esteja distorcendo a ideia original que, quando vista em seu todo, transmitia uma imagem bastante diferente, se não oposta.

---

43. TESICH, Steve. A Government of Lies. *The Nation*, 1992.

Ainda nos referindo à obra de George Orwell, que era um crítico mordaz ao controle absoluto de regimes autoritários, mais particularmente da União Soviética sob comando de Stálin, mas que também se inspirava bastante no nazismo, é comum vermos extremistas de direita citando Orwell para defender pautas reacionárias e, por vezes, autoritárias, sendo que o próprio Orwell se autodenominava socialista, apesar de denunciar as práticas brutais do chamado "socialismo real".

Aí está um modo de deturpar um propósito original, dando a entender que alguém defendia posições que jamais defendeu. Para evitar incorrer nessa falácia, não custa nada apresentar uma breve contextualização da citação e de seu autor.

Não há consenso, portanto...

Muitos temas em vários campos de conhecimento têm respostas conflitantes, mas que poderíamos considerar igualmente legítimas, pois para elas ainda não há uma certeza. Aliás, quando falamos em ciência, geralmente nos referimos a uma aproximação, ou tentativa de aproximação, da realidade.

Enquanto há, por um lado, uma corrente mais influenciada pelo pós-modernismo, defendendo que o discurso científico é apenas mais um discurso dentre muitos, atravessado por interesses e ideologias, há quem insista que existem algumas certezas objetivas, como, por exemplo, a de que a Terra é redonda, as leis gravitacionais, as leis da termodinâmica, além de algumas teorias, que seriam o mais alto grau de solidez científica, que nos revelariam com bastante dose de segurança como o mundo opera.

Não é de espantar que, em certos debates, surja a falácia conhecida como *inflação do conflito*, que é usar da falta de consenso sobre determinado assunto para argumentar que não é possível chegar a uma conclusão ou até mesmo que todo aquele campo de conhecimento deve ser posto em dúvida.

Isso pode ser observado em debates com negacionistas da ciência, como criacionistas, aqueles que defendem, por exemplo, um modelo inspirado no primeiro livro da Bíblia para explicar a criação do universo, da Terra e da vida humana.

Um dos ataques feitos à teoria da evolução parte da ideia de que ela não teria primazia em relação à mitologia bíblica porque é "apenas uma teoria" (dentre várias, incluindo a do Gênesis), embora, como foi dito, uma teoria seja o mais alto grau de certeza científica, não uma mera hipótese sem comprovação ou rigor.

Outro exemplo refere-se às mudanças climáticas e ao aquecimento global: a vasta maioria da comunidade científica aceita que são consequência da ação humana, decorrentes da revolução industrial, mas, para os negacionistas, como não há um consenso absoluto, ou seja, 100% de concordância, significa que pode ser uma afirmação falsa ou contestável.[44]

O fato é que a ciência não se faz apenas de consenso, e há um histórico de cientistas que enfrentaram a comunidade científica e, posteriormente, comprovou-se que esses *outsiders* tinham razão. Inclusive, esse também é outro argumento utilizado para tentar desqualificar a ciência. Sendo uma atividade passível de erros, de falha, de refutação, como podemos confiar nela?

Mas isso deve entendido como uma demonstração da seriedade da investigação científica, pois, ao contrário de questões dogmáticas, de fé

---

44. Um artigo de Mark Lynas, Benjamin Z. Houlton e Simon Perry (2021) analisou 88.125 trabalhos científicos sobre aquecimento global publicados a partir de 2012 e concluiu que mais de 99% da comunidade científica reconhece o aquecimento global como consequência da ação humana.

ou crenças sem qualquer evidência que as sustente, a ciência é capaz de corrigir o seu curso diante das contestações razoáveis.[45]

O fato de haver hipóteses conflitantes, mais do que demonstrar o fracasso de um campo de investigação, seria uma prova do exercício crítico se refinando e se pondo em teste com a realidade.

Além disso, que haja diferentes explicações contraditórias para determinada questão tampouco significa que elas sejam igualmente plausíveis ou racionais. Em várias ocasiões, uma resposta é muito mais robusta do que a outra, mesmo não havendo consenso.

FORMA DA INFLAÇÃO DO CONFLITO
Autoridade A discorda da autoridade B sobre o assunto X.
Logo, nada significativo pode ser dito sobre o assunto X.

Deus existe, pois ninguém provou o contrário

Uma variação da falácia anterior é conhecida como *apelo à ignorância* (*argumentum ad ignorantiam*), que é quando se sustenta que uma afirmação é verdadeira porque ninguém provou que ela é falsa, ou que ela é falsa porque ninguém provou ser verdadeira. Nesse caso, afirmações religiosas são exemplos perfeitos do uso dessa falácia, recorrendo também à *inversão do ônus da prova*.[46]

---

45. Lee McIntyre (2019) trabalha de maneira aprofundada sobre esse tema, inclusive apresentando casos nos quais cientistas e a comunidade científica cometeram erros, como isso foi identificado e serviu para avançar a compreensão a respeito de determinado problema.
46. Este é o ponto defendido por Douglas Walton (1999), que inclusive apresenta ressalvas de que haveria instâncias não falaciosas do "apelo à ignorância", como no caso de uma pistola: não sabendo se ela está carregada ou não, devemos supor que esteja carregada e manuseá-la com cuidado.

Pensemos num debate entre um teólogo e um historiador da religião.

O historiador questiona a ressurreição de Jesus com base na obviedade de que pessoas não morrem e depois ressuscitam, enquanto o teólogo se sustenta na narrativa evangélica. Para tentar desmontar a argumentação do historiador, o teólogo recorre a esta falácia:

"Como ninguém nunca provou que Jesus não ressuscitou, temos uma evidência de que ele de fato ressuscitou. Por que as pessoas passariam tantos séculos acreditando numa mentira?"

No fundo, questões relacionadas a "verdades" religiosas sempre acabam envolvendo um conjunto de falácias com o intuito de justificar o argumento, mas muitas são aceitas porque é comum a audiência compartilhar das crenças dos debatedores. Para um fiel, é muito fácil aceitar de maneira acrítica certos relatos da Bíblia, afinal de contas, ele ouve as mesmas histórias desde sua infância. Mas é muito mais complicado convencer um ateu ou alguém de outra religião a aceitar tais "verdades".

Só para entendermos como isso funciona, ainda falando de Jesus, há quem argumente que, pelo simples fato de ninguém ter provado que ele não era casado, e por não haver qualquer menção nos evangelhos de que Jesus era solteiro, ele era casado, já que um homem adulto solteiro naquela época seria visto com estranheza, o que seria apontado por algum dos evangelistas.

Isso não significa que não seja possível fazer inferências sobre aquilo que não é dito ou explicitado, a fim de descobrir a verdade ou falsidade de uma alegação, mas pode, e deve, ser corroborado por informações adicionais que apoiem tais inferências.

Nesse segundo caso, não havendo sustentação, temos uma falácia de *apelo ao silêncio* (*argumentum ex silentio*), quando se defende que uma afirmação é verdadeira por falta de evidências contrárias, ou vice-versa, como no exemplo de Jesus casado.

FORMA DO APELO À IGNORÂNCIA
1. Se P fosse verdadeiro, nós saberíamos. Como não sabemos, P é falso.
2. Se P fosse falso, nós saberíamos. Como não sabemos, P é verdadeiro.

Isso é inacreditável!

O mundo é repleto de eventos e fenômenos inacreditáveis e bizarros. Querer evidências da veracidade de determinada situação incrível é uma postura cética bastante saudável e filosófica, mas, diante de provas convincentes, não há por que as recusarmos.

A credulidade excessiva é certamente um erro de nossa capacidade analítica e reflexiva, mas a dúvida pela dúvida também pode ser uma postura acrítica e – por que não? – falaciosa.

Um desses casos se chama apelo à incredulidade, quando um interlocutor se recusa a aceitar uma argumentação com base apenas no fato de a afirmação soar inacreditável. A estrutura é basicamente a seguinte:

Não consigo acreditar que isso seja verdade, logo, é falso.

Essa é a posição, por definição, de muitos terraplanistas ou dos que duvidam que um dia os seres humanos pisaram na Lua. Eles não conseguem acreditar que vivemos "numa bola molhada que gira em torno do Sol" ou que tivemos a capacidade tecnológica de deixar a órbita terrestre.

Curiosamente, embora sejam incapazes de acreditar nesses fatos, porque para eles parecem absurdos, as mesmas pessoas não têm a menor dificuldade para acreditar numa terra plana cercada por uma redoma ou que existe uma conspiração global para enganar toda a população sobre viagens espaciais.

Vai entender...

Comparando maçãs e laranjas

Comparações e analogias são excelentes modos de defender um ponto, pois servem para tornar mais concreto ou mais explícito o que está em jogo naquela discussão em particular.

Todos nós temos uma enorme dificuldade para assimilar conceitos complexos ou abstratos, portanto, se houver a possibilidade de tornar o tema mais compreensível e palatável, por que não? No entanto, nem todas as comparações funcionam bem ou servem para tal finalidade.

Em 1953, o filósofo Leo Strauss cunhou um termo para um caso extremo da falácia de falsa equivalência, *reductio ad hitlerum*, ou apelo a Hitler,[47] quando, num debate, alguma situação é comparada ao nazismo ou ao Holocausto, ou determinada personalidade é posta lado a lado com Hitler.

Vamos pensar num debate sobre vacinação durante uma pandemia. De um lado, um debatedor propõe a vacinação obrigatória para evitar a contaminação e reduzir os óbitos, enquanto o outro debatedor alega que os cidadãos devem ter o direito de decidir livremente se querem ser vacinados ou não.

---

47. "[...] devo evitar a falácia que, nas últimas duas décadas, tornou-se um frequente substituto à redução ao absurdo – refiro-me à redução ao hitlerismo. Às vezes, as pessoas pensam ter refutado os amantes de cães, os vegetarianos e os nacionalistas ao apontarem, triunfantes, que Hitler também era um amante de cães, um vegetariano e um nacionalista" (tradução livre). STRAUSS, Leo. *Natural Right and History*. Chicago: University of Chicago Press, 1965 [1953].

O debate fica acalorado, então o segundo debatedor comete a falácia:

"Obrigar as pessoas a se sujeitarem a um procedimento como esse sem o seu consentimento é o mesmo que os nazistas fizeram com os judeus em Auschwitz, portanto é imoral."

Esse tipo de comparação, que certamente é um exagero, carrega uma profunda carga emocional, pois os horrores perpetrados pelo regime nazista são de conhecimento geral. Entretanto, é um claro despropósito comparar a noção de saúde pública e vacinação obrigatória de modo a proteger o bem-estar coletivo a experimentos bizarros, brutais, sem anestesia, inoculando doenças ou testes com substâncias tóxicas em prisioneiros em campos de concentração.

As comparações podem e devem ser feitas com o intuito de esclarecer um tópico, mas o argumentador deve deixar claras também as limitações daquele exemplo.

Comparar a religião com uma família pode ajudar a exemplificar a estrutura hierárquica das instituições, embora seja incapaz de reconstituir todas as intrincadas relações dogmáticas e ritualísticas de diferentes ordens religiosas.

Comparar a democracia a uma reunião de condomínio pode ajudar a esclarecer como os diferentes interesses entram em conflito no interior de um grupo menor, mas não serve para iluminar as relações entre os diferentes poderes de uma República, e assim por diante.

Chamar de guerra a violência urbana pode ajudar a transmitir os horrores que sofre a população de uma cidade, mas evidentemente não é comparável à mecânica e às consequências de uma guerra real, quando Estados enviam suas forças militares contra outros Estados ou contra insurgentes em seu interior, deixando devastação pelo caminho.

Algumas analogias são muito mais consistentes do que outras, ou contribuem para melhor compreender um cenário, mas há, evidentemente, analogias que são claramente mal elaboradas e objetivamente falsas, como nos casos a seguir:

> "Se até as lagostas possuem um tipo de hierarquia social, na qual as lagostas mais dominantes e agressivas chegam ao topo dessa hierarquia, por que nós humanos seríamos diferentes?"

Há pouca dúvida de que as sociedades humanas são estruturadas de forma hierárquica, mas o fato de isso supostamente existir entre lagostas não esclarece nada sobre a organização da espécie humana, muito menos sobre o papel da agressividade ou dominação.

> "Por que está me repreendendo assim? Eu só furtei um chocolate no mercado. Não é como se eu houvesse cometido genocídio."

Uma falsa analogia exagerada tem a intenção de minimizar o ato, como se o fato de ser um crime de menor gravidade servisse como atenuante para não haver repreensão ou punição alguma. Lembrando que estabelecer uma analogia não é propriamente uma falácia, só quando há uma falsa analogia tentando forçar uma comparação implausível.

FORMA DA FALÁCIA DE FALSA ANALOGIA
P e Q parecem ser semelhantes em relação às propriedades A, B, e C.
Observou-se que P tem a propriedade adicional X.
Portanto, Q provavelmente também tem a propriedade X.

Daí é barranco abaixo

Um político resolve se opor à educação sexual nas escolas munindo-se do seguinte raciocínio:

> "Educação sexual para crianças e adolescentes é um modo de sexualizar precocemente alunos. Como consequência, haverá o aumento do desejo sexual, mais adolescentes tendo relações sexuais, aumento de casos de gravidez precoce, o que levará à decadência dos valores morais da sociedade."

Esse é o típico caso da *falácia da bola de neve* ou da *ladeira escorregadia*, ou, como eu chamaria, da falácia do barranco abaixo, quando se considera que pequenos eventos podem levar a consequências de enormes proporções. Vejamos outro exemplo:

> "Precisamos defender a livre expressão irrestrita, pois, se começarmos a policiar o discurso de ódio dos grupos dos quais discordamos, em seguida vamos começar a criminalizar tais grupos, até que, enfim, teremos campos de concentração e extermínio, e um regime totalitário determinando o que podemos falar ou não."

Em se tratando desse debate, há muitos argumentos coerentes a favor de um amplo direito de livre expressão, bem como do estabelecimento de seus limites, no entanto, não há nenhum nexo causal entre a restrição do discurso de ódio, digamos nas redes sociais ou no ambiente de trabalho, e uma sociedade totalitária na qual impera uma censura estatal.

Evidentemente, em determinadas circunstâncias, resultados catastróficos são, de fato, consequência de pequenas etapas cumulativas durante um longo período, mas nem sempre é possível inferir que pequenas medidas ou decisões redundarão em um resultado de grandes proporções.

FORMA DA FALÁCIA DA BOLA DE NEVE[48]
Se a etapa inicial A_o for adotada, o resultado catastrófico A_n ocorrerá, ou pelo menos é provável que ocorra no futuro.
O resultado catastrófico A_n deve ser cuidadosamente evitado.
Portanto, a etapa inicial A_o *não deve ser adotada*.

Foi culpa do gato preto!

Imagine a seguinte cena. Você está caminhando pela rua quando um gato preto passa à sua frente. Você dá dois passos, tropeça e cai. Qual é a relação entre o gato preto e a sua queda? A princípio, nenhuma. O gato não fez absolutamente nada para você. Mas, no dia seguinte, caminhando por outra rua, outro gato preto passa à sua frente e, mais uma vez, você tropeça e cai. A culpa foi do gato?

Nessa altura, você já deve estar tentado a estabelecer uma relação de causa e efeito. Todas as vezes que vejo um gato preto, eu tropeço e caio. O gato preto dá má sorte.

A nossa mente opera desse modo, buscando resposta para fenômenos que nos cercam ou que ocorrem conosco, e não é raro que encontremos qualquer resposta, mesmo que falsa, para explicar a realidade. *Falácias de causa questionável* são extremamente comuns, presentes tanto em conversas triviais quanto em trabalhos acadêmicos.[49]

---

48. Como proposta por Douglas Walton (2015).
49. Woods & Walton (1977) nos proporcionam uma profunda problematização dessa falácia.

Talvez você já tenha ouvido a expressão "correlação não é causalidade", muito usada por cientistas justamente para confrontar nossa tendência de associar, numa relação de causa e efeito, fenômenos que nem sempre estão vinculados.

Nesse primeiro exemplo, do gato preto, temos aquilo que se chama de *post hoc ergo propter hoc*, expressão latina que significa "depois disto, portanto por causa disto". Esse estratagema foi bastante visto durante a pandemia de coronavírus, quando as pessoas recomendavam os mais diversos remédios e tratamento dizendo "olha, eu tomei e melhorei".

Levando em consideração que 81% dos casos eram leves e moderados,[50] mesmo se a pessoa não tomasse nada, boa parte dos infectados não teria complicações. A cura não foi consequência de remédios ou tratamentos exóticos, foi apenas o ciclo normal da enfermidade.

Outra modalidade de falácia de causa questionável é chamada de *cum hoc ergo propter hoc*, ou seja, "com isto, portanto por causa disto", também bastante recorrente. Vejamos um exemplo: vamos supor que tenha sido publicado um estudo indicando a queda de homicídios em um país, porém, naquele mesmo período analisado, houve um aumento na emissão de licenças de posse e porte de armas.

Armamentistas ficarão tentados a tentar atribuir uma relação causal entre "mais armas, menos mortes", sendo que a queda nos homicídios pode estar, e provavelmente está, relacionada a outras causas, muitas delas com base em fatores sociais, demográficos e de políticas mais abrangentes de segurança pública.

Inclusive, esse é um terceiro tipo dessa falácia, conhecido como *falácia da causa única*, um erro comum quando se trata de explicar fenômenos sociais complexos, como se, por exemplo, acabar com a

---

50. Como referido em GANDHI, R. T.; LYNCH, J. B.; DEL RIO, C. Mild or moderate Covid-19. *The N. Engl. J. Med.*, v. 383, n. 18, p. 1757-1766, 2020.

corrupção resolvesse todos os problemas de um país, ou matar criminosos solucionasse o problema da segurança pública. Na verdade, certos fenômenos são resultado de um conjunto de fatores.

Falácias de causa questionável estão na base da maioria das pseudociências ou do charlatanismo. Quando alguém lê um horóscopo e o relaciona com eventos de sua vida, está se fundamentando nesse tipo de falsa relação causal, já que não há a menor evidência de que a posição dos astros no dia do seu nascimento, ou o seu signo zodiacal, exerce qualquer influência nos eventos de sua vida. Isso também vale para remédios sem eficácia comprovada, curandeirismo, curas espirituais e todo tipo de crendices esotéricas.

FORMA DA FALÁCIA DE CAUSA QUESTIONÁVEL
A está regularmente associado a B; portanto, A causa B.

Toda generalização é burra

É extremamente tentador extrair conclusões genéricas a partir de cenários particulares; aliás, é exatamente assim que opera o argumento indutivo; a partir de premissas particulares, tentamos obter uma provável conclusão genérica.

Para podermos afirmar que determinado bairro da cidade é violento, é preciso coletar os dados de segurança pública, compará-los com dados de outras partes da cidade e, por fim, concluir:

"Com base nas evidências coletadas, podemos afirmar com alto grau de certeza que neste bairro ocorrem mais crimes do que na média da cidade."

Entretanto, nem sempre as pessoas são exatamente cautelosas ou criteriosas quando se trata de dar o salto entre a percepção particular do mundo e uma conclusão genérica, e isso é um tipo de falácia conhecida como *falácia da generalização apressada*.

Pensemos mais nesse caso do bairro violento, e, em vez de coletar dados de alguma instituição confiável, você resolve se fiar em sua própria impressão pessoal. Você já foi assaltado naquela vizinhança, conhece umas quatro ou cinco pessoas que também foram vítimas de crimes e, com base em relatos anedóticos e em sua experiência individual em alguns outros bairros, elabora o seguinte argumento:

"A partir de testemunhos de vítimas de crime e por experiência individual, podemos afirmar que este é um dos bairros mais perigosos da cidade."

Mas será que realmente é? Pode até ser, e esse é um dos elementos importantes a considerar quando abordamos falácias, pois as premissas ou a conclusão até podem ser verdadeiras, mas a construção do argumento talvez seja falha. Nesse caso, você não tem como extrair essa conclusão fundamentando-se em apenas cinco ou seis casos anedóticos. Seria necessário apresentar provas mais robustas.

FORMA DA FALÁCIA DA GENERALIZAÇÃO APRESSADA
Amostra S é obtida a partir da população P.
Amostra S é uma parte muito pequena da população P.
Conclusão C é obtida a partir da amostra S e aplicada à população P.

Esse tipo de falácia também tem subtipos, como a *falácia do escocês de verdade*, isto é, uma generalização que convenientemente exclui contraexemplos ou exceções de modo a salvaguardar a generalização, e também é conhecida como *falácia da pureza*.

Vejamos um caso:

Nenhum cristão de verdade defenderia a guerra.
Pedro é um cristão e defende a guerra.
Portanto, Pedro não é um cristão de verdade.

E isso pode se estender aos mais diferentes tipos de generalizações.

Pessoa A: "Todos os brasileiros sabem dançar samba".
Pessoa B: "Sou brasileiro e não sei sambar".
Pessoa A: "Ah, então você não é um brasileiro de verdade".

Podemos resumir a falácia da seguinte forma.

FORMA DA FALÁCIA DO ESCOCÊS DE VERDADE
Todo X é Y.
(A afirmação de que todo X é Y é claramente refutada.)
Então todo X verdadeiro é Y.

Outro subtipo é a *falácia da evidência suprimida*, quando se selecionam casos individuais para sustentar a sua posição, ignorando casos que a contradigam. Exemplo:

"Nenhuma democracia entra em guerra contra outra democracia, sendo assim, este é o melhor sistema de governo caso desejemos a paz mundial."

Aliás, uma variante desse argumento chegou a circular de um modo um pouco mais sofisticado entre certos cientistas políticos, mas, para aceitá-lo, precisaríamos desprezar situações nas quais regimes democráticos acabaram entrando em guerra contra outras democracias, como a invasão da Ucrânia realizada pela Rússia em fevereiro de 2022. Nesse caso, ao ser confrontado com evidências contrárias, o que pode ocorrer é o uso da *falácia do escocês de verdade*:

"Ah, mas aqui não estamos falando de uma verdadeira democracia sólida."

Embora seja muito fácil incorrer nesse tipo de falácia, saber como ela se manifesta pode nos ajudar a ser mais criteriosos quando tentamos extrair alguma conclusão genérica sobre a realidade.

FORMA DA FALÁCIA DE EVIDÊNCIA SUPRIMIDA
Evidência A e evidência B estão disponíveis.
Evidência A suporta a afirmação da pessoa 1.
Evidência B suporta a afirmação da pessoa 2.
Portanto, a pessoa 1 apresenta apenas a evidência A.

Agora passaremos para as falácias que violam o critério de refutação, ou seja, aquelas que não conseguem fornecer uma refutação robusta às críticas feitas a seu argumento, bem como aos argumentos mais fortes do adversário.

14. Falácias que violam o critério da refutação

O comunista maldito contra o reacionário estúpido

Embora esse tipo de falácia seja um dos mais rasteiros e, por vezes, ofensivos, costuma ser também um dos mais recorrentes e usuais, principalmente quando um debate sai dos trilhos. Não é à toa que também é uma das falácias que mais tem subtipos, como veremos a seguir.

A expressão latina *ad hominem* significa que o debatedor, em vez de confrontar o argumento de seu interlocutor, resolve atacá-lo pessoalmente. Pode significar muitas coisas, desde o *ad hominem abusivo*, que pode ser um simples insulto:

> "Não dá para aceitar nada que aquele professor diz. Todos sabem que ele é um maldito comunista."

Ou:

> "É evidente que aquele reacionário estúpido defenderia ideias tão estapafúrdias como esta."

Mas também pode ser elaborada de maneira um pouco mais sutil, ou até requintada, de modo a não parecer ser um ataque pessoal, o *ad hominem circunstancial*, como em:

"Aquele deputado recebe dinheiro de pecuaristas, então é natural que esteja a serviço deles."

O propósito dessa falácia, que é particularmente eficaz em debates visando persuadir uma plateia ou audiência, é desacreditar o debatedor ao atacar o seu caráter, a sua biografia, as suas intenções ou motivações. Isso não quer dizer que um ataque *ad hominem* não possa ser verdadeiro, que de fato o deputado esteja a serviço de pecuaristas, mas, em nível argumentativo, não é suficiente para refutar os argumentos do outro debatedor.[51]

Como você pode imaginar, o mais apropriado seria abordar ponto por ponto o que foi dito e comprovar, com base em evidências ou por dedução, que aquilo não se fundamenta. Mesmo alguém a serviço do grande capital, de um dogma religioso, de uma militância em particular, mesmo quando pessoalmente tenha claras motivações para defender uma ideia ou posição, pode apresentar argumentos plausíveis, robustos e válidos para justificar suas convicções. Portanto, ser um "comunista maldito" ou um "reacionário estúpido" não é exatamente o melhor modo para provar que você tem razão sobre aquele tópico.

---

51. Walton (1987) e Krabbe & Walton (1993) defendem que o *ad hominem* circunstancial até pode ser válido quando se trata de questionar a imparcialidade do interlocutor em determinados contextos, enquanto Lawrence M. Hinman (1982) dá um passo além e demonstra como certas correntes filosóficas consideradas intelectualmente legítimas se munem de argumentos *ad hominem* ao confrontar outras correntes, tendo como base a ideologia do interlocutor.

Aliás, um poderoso subtipo de *ad hominem*, extremamente comum em debates políticos, é conhecido como *envenenando o poço*, quando se empreende o esforço para contaminar tudo o que o interlocutor está dizendo e, desse modo, evitar que a plateia preste atenção aos argumentos dele.

Imaginemos um debate sobre a existência de Deus. De um lado, temos um teólogo, do outro, um cientista. A posição do cientista é a de que um debate como esse é, em essência, absurdo, pois, para comprovar a existência de algo, precisamos de evidências sólidas e verificáveis, o que não há em relação à questão proposta. Porém, o teólogo responde:

> "Todos sabemos que o senhor é ateu, portanto a sua visão sobre este assunto sempre será tendenciosa para tentar desacreditar as verdades da fé."

Uma afirmação dessas, feita em um país com maioria de pessoas religiosas que acredita em alguma divindade, já é o suficiente para pôr a audiência contra o cientista e a favor do teólogo (embora devotos de outras religiões possam questionar o dogma específico do teólogo sem pôr em dúvida a existência de um deus) e contaminar todos os possíveis argumentos do cientista supostamente ateu.

Há muitos rótulos que carregam um peso capaz de contaminar o debatedor – fascista, nazista, comunista, negacionista, abortista, extremista, fundamentalista, racista, entre vários outros – e que, por mais que possam se aplicar de fato ao interlocutor, atendem mais ao propósito retórico do que ao argumentativo, pois, em última instância, alguém pode ser um fundamentalista religioso e, ao mesmo tempo, defender um argumento totalmente razoável e merecedor de nossa atenção, embora, em outras questões, a postura dele possa ser dogmática e irracional.

Entretanto, é preciso fazer uma ressalva, já que nem tudo aquilo que consideraríamos um ataque pessoal é sempre uma falácia *ad hominem*.

Se a estrutura for:

"Você é um mentiroso, logo, não devemos prestar atenção ao que você diz, pois será mentira."

Temos um caso da falácia, pois alguém que mentiu no passado pode vir a falar a verdade no presente ou no futuro. Por outro lado, se o argumento for o seguinte:

"Você mentiu para mim em várias circunstâncias, começando no próprio dia em que nos casamos e eu descobri que você tinha uma amante. Você é um mentiroso!"

Isso não é necessariamente falacioso, já que a pessoa é considerada mentirosa porque já mentiu em várias ocasiões distintas antes. Nesse caso, o ataque ou insulto é a conclusão do argumento, e não uma das premissas tentando justificar uma conclusão.

Ao se deparar com uma falácia *ad hominem*, o melhor modo de enfrentá-la é simplesmente trazer o debatedor de volta para a questão sendo abordada: "Tudo bem, mas você não respondeu ao meu argumento". Ou, em se tratando de insultos, expor o comportamento desleal do interlocutor: "Me ofender não faz com que você esteja dizendo a verdade".

É evidente que ataques *ad hominem* são as situações mais indesejáveis em um debate racional e indicam que dificilmente haverá algum tipo de concordância ou mesmo de concessões em seu desfecho.

Quem é você para falar isso, seu hipócrita?

Apontar a hipocrisia de um debatedor nem sempre é uma falácia lógica, embora possa soar, dadas as circunstâncias, um ataque pessoal (ver *ad hominem*). Contudo, usar a hipocrisia do interlocutor como base para afirmar que a posição defendida por ele é falsa é conhecido como *falácia de apelo à hipocrisia*, ou pela expressão latina *tu quoque* (você também). Vejamos como funciona.

Dois militantes dos direitos civis estão debatendo sobre quais são os melhores métodos para protestar contra injustiças sociais. O primeiro é defensor da resistência pacífica, enquanto o segundo defende a resistência armada e violenta, com base no raciocínio de que "não se pode comparar a reação do oprimido à violência do opressor". Porém o primeiro debatedor aponta que:

> "Em sua última manifestação, quando vocês foram cercados pela tropa de choque, vocês não reagiram de maneira agressiva, simplesmente ergueram as mãos e se entregaram. Portanto, isso demonstra que nem vocês seguem o que pregam."

Apesar de realmente demonstrar como, naquela ocasião em particular, os manifestantes resolveram não reagir de maneira violenta contra as forças policiais, isso não invalida necessariamente a posição do segundo debatedor. Pode ser que, ao se referir à resistência armada, esteja falando de algum tipo de tática, como guerrilha ou insurgência, que não se adéque àquela manifestação específica, do mesmo modo que o fato de um grupo ser defensor da não violência não significa que em situações excepcionais, como em estado de guerra ou sob um regime autoritário, medidas violentas talvez sejam necessárias.

Essa falácia é bastante utilizada quando se fala de biografias de grandes pensadores, como Rousseau, Nietzsche ou Marx, cujos trabalhos intelectuais apregoam certos valores ou práticas que nem sempre seus autores adotavam.

Na biografia de Marx, escrita por Francis Wheen, é relatada uma conversa entre o filósofo e uma amiga que disse não conseguir imaginar Marx, alguém que gostava de uma vida com mordomias, vivendo numa sociedade igualitária. Ao que Marx respondeu: "Nem eu. Este tempo virá, mas nós não estaremos mais por aqui".[52]

Essa contradição não torna necessariamente falsas as afirmações desses pensadores, só demonstra como eles, pessoalmente, não foram capazes de seguir até as últimas consequências seus ideais.[53]

FORMA DO *TU QUOQUE*[54]

A propõe um plano *a* para ser seguido com base em *p*.

A não segue *a*.

Portanto, *A* não é sincero ao propor *a* ou *p* (ou ambos).

Sinceridade é uma condição necessária para autoridade.

Portanto, *A* não é uma autoridade legítima em relação a *a* ou *p*.

Mas é só a minha opinião...

Embora já tenhamos falado sobre a distinção entre argumentação e opinião, existe um tipo de falácia que poderia ser chamada de "tenho

---

52. Wheen, Francis. *Karl Marx, A Life*. New York: W. W. Norton & Company, 2001, p. 97.
53. Assim como sucede com outras falácias, algumas interpretações, como a de Trudy Govier (1984), tendem a aceitar como válidos, em contextos específicos, argumentos com base em *tu quoque*.
54. Uma das formas apresentadas por Scott F. Aikin (2008).

direito à minha opinião". Vamos supor que dois amigos estejam conversando sobre um candidato a um importante cargo político. Um apresenta várias razões para votar nesse candidato, enquanto o outro se esforça para apresentar os defeitos dele.

No entanto, o crítico ao candidato, depois de enumerar vários pontos problemáticos da carreira do político e de seu programa eleitoral, encerra com "mas isso é só a minha opinião...", quando, na verdade, se tratava de uma tentativa real de argumentação racional.

O que acontece é que, ao se escudar na opinião, o interlocutor está, ao mesmo tempo, se blindando de uma possível refutação por parte do amigo, afinal de contas, ele não está expressando juízos que estariam sujeitos ao critério de verdade ou falsidade, mas apenas sua percepção subjetiva, sua opinião pessoal, sobre aquele tema. Nesse caso, ele estaria rebaixando o argumento que apresentou, de "é assim" para o nível de "eu acho que é assim", evitando uma possível contestação.

E aqui, mais uma vez, é importante lembrarmos que uma coisa é você afirmar que "eu não vou com a cara desse sujeito porque não me parece confiável", e outra é dizer "ele seria um péssimo presidente com base em tais e tais motivos, logo, não devemos votar nele". O primeiro é uma percepção pessoal, subjetiva, bem próxima de um juízo de gosto; o segundo é a defesa de uma ideia, e aí sim está sujeita a ser confrontada, questionada e demonstrada como sendo verdadeira ou falsa.

Sendo assim, diante de situações parecidas, o recomendável é que você pergunte ao seu interlocutor: "Mas você está dando apenas a sua opinião ou está defendendo uma ideia?". Porque, se for o segundo, você tem todo o direito de confrontá-la e tentar provar que ele está errado.

Movendo as traves

Imaginemos o seguinte argumento: um líder religioso defende que Jesus condenava as relações homossexuais como pecaminosas. O debatedor, um ativista dos direitos civis, pergunta: "Mas em qual parte dos Evangelhos Jesus disse isso?". O pastor apresenta trechos bíblicos do Antigo Testamento. O interlocutor contesta: "Essas não são palavras de Jesus". Ao que o pastor retruca: "Jesus afirmou explicitamente que ele não veio para acabar com a Lei, mas para cumpri-la".

Essa manobra realizada pelo pastor durante a argumentação é conhecida como *mover as traves*, que, em essência, significa transformar o argumento e deslocar pouco a pouco a sua posição ao longo do debate.

Recapitulemos: o pastor começa afirmando que Jesus condena a homossexualidade; depois cita trechos do Antigo Testamento, ou seja, versículos que não representam diretamente falas de Jesus; por fim, afirma que, sendo judeu e devoto à Lei da Torá, Jesus possivelmente, por extensão, condenava a homossexualidade. É como se o debatedor estivesse movendo as traves de um campo de futebol de modo que seu adversário nunca consiga marcar o gol. Ele torna o seu argumento irrefutável, num mau sentido, pois o está sempre alterando.

O filósofo Karl Popper ficou famoso no campo da filosofia da ciência ao propor a noção de *falseabilidade*, que seria um dos princípios do método científico. Ele prevê que uma hipótese científica deveria trazer em sua própria formulação a possibilidade de ser demonstrada como falsa.

Digamos, por exemplo, que um cientista afirmasse que o ferro passa do estado sólido para líquido ao atingir mil graus Celsius, o que significa que, se o ferro não atingir o ponto de fusão nessa temperatura, a hipótese do cientista terá sido falseada (ou refutada). Só como curiosidade, o ponto de fusão do ferro é 1.538 °C.

Na argumentação racional também deveríamos adotar um princípio semelhante e não permitir que o interlocutor realize pequenas alterações em seu argumento para evitar ser refutado.

Atacando um espantalho

Cabe a um dos mais respeitados lógicos de nossos tempos, Douglas Walton, a mais bem-acabada definição dessa falácia tão costumaz, conhecida como *falácia do espantalho*. Em que ela consiste?

Durante uma argumentação, o que se espera é que, partindo do princípio da caridade, isto é, quando você se dispõe a confrontar a melhor versão do argumento de seu interlocutor, nos esforcemos por tentar refutar a tese central apresentada.

Exemplificando: se alguém estiver defendendo a redução da maioridade penal para que adolescentes de 14 anos possam arcar com penas como se fossem adultos, devemos nos deter no argumento tal qual ele nos foi apresentado e ser capazes de trazer contra-argumentos com base em evidências contrárias que estejam diretamente relacionadas a ele.

Mas não é o que ocorre quando alguém se mune da falácia do espantalho, que seria praticamente o oposto do princípio da caridade, isto é, em vez de atacarmos a melhor versão, nos concentrarmos na pior versão possível, quando não se trata de uma versão distorcida do argumento proposto.[55] E aqui poderíamos citar inúmeros casos de como isso se dá em debates correntes.

---

55. Assim define Walton (1996): "A falácia do espantalho é cometida quando o proponente em um debate crítico distorce a posição do interlocutor ao empreender a refutação de uma posição simulada. Essa tática tipicamente funciona ao atribuir ao interlocutor uma posição simulada que seja implausível e fácil de ser refutada, então, demonstra-se que a posição simulada tem alguma consequência absurda ou inaceitável que seja uma base suficiente para repudiá-la" (tradução livre).

Imaginemos uma discussão sobre a descriminalização do aborto. De um lado, temos uma ativista pelos direitos reprodutivos das mulheres, e do outro, uma pastora evangélica. A ativista afirma:

> "Que a mulher tenha o poder de decisão sobre suas capacidades reprodutivas é essencial para sua autonomia e liberdade plena na sociedade. Cabe a ela a decisão de interromper uma gravidez, já que são as mulheres que têm de arcar com as consequências da maternidade. Este é um ponto pacífico na maior parte dos países desenvolvidos do mundo."

Mas a pastora, em vez de contra-argumentar e tentar refutar o que foi dito, retruca:

> "Então quer dizer que você *é* a favor do assassinato de crianças?"

Esse é um exemplo típico da falácia do espantalho. Há uma distorção completa do argumento apresentado, porque defender o controle sobre os direitos reprodutivos de uma mulher é totalmente diferente de pregar o assassinato de crianças.

Ou pensemos num debate sobre desigualdade social. Um dos debatedores argumenta que:

> "A redução da desigualdade deveria ser um dos objetivos principais de qualquer governante. Há inúmeras evidências de que sociedades mais igualitárias tendem a ser menos violentas, com maior expectativa de vida, menor mortalidade infantil e índices mais elevados de satisfação da população."

O outro debatedor retruca:

"Onde foi que o comunismo funcionou? Onde quer que tenham tentado implementá-lo, houve ditadura, morte e desgraça."

Mais uma vez, há uma distorção absoluta do argumento apresentado. Propor o combate à desigualdade social não tem absolutamente nada a ver com a instauração de uma sociedade comunista, muito menos com a implementação de regimes autoritários que levam a massacres da população.

Ao se deparar com uma falácia do espantalho, o melhor modo de responder é reelaborar o argumento inicial para que fique mais claro ainda, ou pedir que o interlocutor tente resumir qual foi o seu argumento inicial, de modo que seja possível retificá-lo: "Mas não é isso o que eu estou defendendo".

Se após o esclarecimento ou a retificação o interlocutor insistir em atacar um espantalho, aí talvez não seja um mero erro de raciocínio, mas uma tentativa deliberada de tentar vencer o debate a qualquer custo.[56]

---

56. Louis de Saussure (2018) apresenta uma perspectiva bastante interessante sobre como essa falácia é particularmente eficaz e difícil de combater, pois costuma envolver a persuasão de uma audiência. Isso obriga o primeiro argumentador a mudar o foco de seu argumento para uma discussão paralela sobre aquilo que ele defendeu inicialmente, invertendo o ônus da prova e forçando uma retratação.

O debate real

PARTE 3

15. A hierarquia da argumentação

"Tudo bem", você diz. "Entendi que existem muitos erros de argumentação e inúmeras formas de contaminar um debate, mas como faço para desenvolver um bom argumento?"

Essa é uma excelente pergunta. Os primeiros passos são, na minha perspectiva, adotar uma postura ética tanto na construção do conhecimento quanto na hora de expô-lo.

Em seguida, usando a linguagem mais clara e precisa possível e sabendo quais são os erros argumentativos e as falácias lógicas mais comuns – de modo a evitá-los, obviamente! –, estruturar a sua argumentação de maneira coerente e racional.

Com essa finalidade, o cientista da computação Paul Graham elaborou aquilo que ficou conhecido como a *hierarquia da discordância*,[57] um prático modelo que poderá nos ajudar a compreender os diferentes níveis de uma argumentação e como deveríamos aspirar aos mais altos graus dessa hierarquia.

---

57. GRAHAM, Paul. *How to Disagree*, mar. 2008. Disponível em: http://www.paulgraham.com/disagree.htm. Acesso em: 30 maio 2022.

Nível 6 – Refutação à ideia central — Refuta diretamente a ideia central.

Nível 5 – Refutação — Aponta o erro e explica, através de citações, por que ele está errado.

Nível 4 – Contra-argumento — Contradiz com respaldo de raciocínio lógico ou de alguma evidência.

Nível 3 – Contradição — Nega a premissa oferecendo pouca ou nenhuma evidência.

Nível 2 – Resposta ao tom — Critica o tom da escrita sem endereçar o conteúdo do argumento.

Nível 1 – Ad hominem — Ataca as características ou a autoridade do autor sem endereçar o conteúdo do argumento.

Nível 0 – Xingamento — Algo parecido com "você é um idiota".

Agora, vamos ver cada um dos níveis.

Nível 0 – Insultos e ataques pessoais

Nem sequer podemos dizer que se trata de argumentos de fato, mas meramente ataques diretos ao interlocutor, chamando-o de "babaca", "estúpido", "imbecil", "ignorante" ou mesmo algo um pouco mais sutil, como "você é apenas um sujeito presunçoso arrotando os seus títulos". Não há nenhuma intenção de defender uma ideia ou posição, simplesmente visa ofender a outra parte.

Nível 1 – Argumentos *ad hominem*

Como vimos no Capítulo 14, é possivelmente o tipo mais recorrente de falácia nos debates, quando a intenção não é a de responder ao argumento do debatedor, mas desqualificar o próprio debatedor (ou de ressaltar a sua própria legitimidade). Aqui falamos de falácias *ad hominem* ou de *apelo à autoridade irrelevante*, por exemplo.

Quando confrontado, o ideal é expor o uso do recurso: "Eu não entendo como atacar a minha biografia ajuda na defesa das suas ideias". Ou: "Sim, eu de fato sou um ativista em defesa dos direitos humanos, mas isso de maneira alguma desqualifica ou contesta os dados que apresentei para você".

Nível 2 – Respondendo ao tom

É quando o interlocutor questiona o tom adotado pelo outro debatedor, acusando-o de estar sendo irônico, sarcástico, condescendente, paternalista, demagógico, ácido, impertinente ou qualquer outra qualidade relacionada à forma de expressão em vez da ideia expressada. Por exemplo:

> "Não me agrada como o senhor me responde deste modo debochado."

Um argumento pode ser sarcástico e mesmo assim válido. Contestar o tom de modo algum significa enfrentar o que foi dito.

Nível 3 – Contradição

Este é o primeiro estágio no qual há alguma espécie de confronto às ideias apresentadas, porém sem a fundamentação necessária para torná-la um argumento. É simplesmente a exposição da ideia contrária. Vejamos um caso:

> "Entendo que você não queira acreditar num Deus Todo-Poderoso que criou o Céu e a Terra, mas eu acredito nele."

Ou:

> "Você tem todo o direito de defender a intervenção estatal na economia, mas eu entendo que o modelo ideal é o de livre comércio com a menor interferência possível."

Nível 4 – Contra-argumento

Segundo Graham, até este ponto, não há argumentação, mas, a partir dele, é possível ter um debate produtivo e saudável.

A contra-argumentação nada mais é do que a contradição, incluindo a sustentação com evidências racionais. Exemplo:

"Entendo que você prefira não acreditar em Deus, mas não me parece plausível que, dada toda a complexidade do Universo, não haja algum Criador por detrás o dotando de propósito. Basta que você veja a perfeição do cosmo, desde o seu nível macro até o microscópico. É preciso que haja alguma força, que poderíamos chamar de Deus, por trás de toda esta ordem cósmica."

Nível 5 – Refutação

Este é o ponto no qual você não apenas apresenta o seu argumento, como também confronta elementos da argumentação de seu interlocutor, demonstrando onde ele está errado.

Vamos supor que, num debate sobre porte de armas, um armamentista defenda que países com maior número de armas por habitante são mais seguros. Então, você demonstra que:

"De acordo com os últimos dados de [nome de organização com sólida reputação em segurança pública], não há a menor relação entre número de armas por habitantes e segurança. Países como Japão, Austrália e Coreia do Sul têm números baixíssimos de armas *per capita* e estão entre alguns dos mais seguros do mundo, do mesmo modo como Canadá, Finlândia e Islândia têm altos índices de armas por habitante e também estão entre os mais seguros, ou seja, não dá para estabelecer uma correlação com base nesse raciocínio."

Nível 6 – Refutando o ponto central

Este deveria ser o verdadeiro objetivo de qualquer debate: confrontar realmente a tese central de seu interlocutor e demonstrar como ela é incorreta e por quê.

Em alguns casos, não é tão difícil, principalmente quando nos referimos a certas questões objetivas da ciência, como a forma da Terra, a eficácia de vacinas ou a lei da gravidade, embora sempre haja algum negacionista disposto a questionar até verdades patentes.

Mas, como já afirmamos anteriormente, em muitos debates, principalmente envolvendo questões morais ou de valores, é difícil, se não impossível, refutar a posição da outra pessoa.

Como provar de maneira inquestionável o direito à vida ou à liberdade de expressão como inalienáveis? Como provar, sem sombra de dúvida, que sexo antes do casamento é moralmente condenável? Ou aborto? Ou incesto? Ou usar drogas? Ou assistir à pornografia? Ou comer proteína animal? Ou clonagem humana? Ou masturbação?

Embora, em relação a algumas questões objetivas, possamos coletar provas substanciais e convincentes para refutar o outro debatedor, para inúmeros outros temas somos obrigados a nos fiar, em grande parte, em nossa capacidade de expressar nossas ideias de modo persuasivo para convencer os demais.

De qualquer maneira, todos deveríamos aspirar, sempre que possível, atingir este último nível, de apresentar racionalmente o que pensamos e de enfrentar, de maneira honesta e com base em evidências, aquilo que os nossos adversários intelectuais realmente estão tentando defender.

Tenho pouca dúvida de que, se aderirmos a esses princípios e práticas, estaremos dando a nossa melhor e mais íntegra contribuição para debates racionais mais produtivos e que nos aproximem da verdade.

16. Como se dá o debate real

Um dos maiores mitos relacionado a debates – propagado com a ajuda da mídia, dos programas de TV, de influenciadores digitais e particularmente de uma sociedade polarizada – é o de que eles se dão num formato engessado, típico dos debates políticos.

De um lado, haveria um debatedor; do outro, o adversário; cada um defende ideias totalmente contrárias, se não antagônicas. É o modelo dos clubes de debates como visto em algumas escolas e universidades pelo mundo. O modelo do confronto, da disputa.

Mas não é o único, talvez nem sequer o mais usual, e certamente não é o mais desejável. Na maioria das vezes, os debates se dão sem sequer nos darmos conta.

É a cena dos amigos no fim de semana discutindo sobre qual jogador de seu time teve um desempenho melhor na última partida. Cada um dos amigos apresenta seus argumentos, mais ou menos bem elaborados, e talvez, no final, consigam chegar a uma conclusão, atingir juntos um consenso.

Os debates ocorrem o tempo todo ao nosso redor, de maneiras que nem sequer imaginamos. Aliás, nem sempre as posições defendidas são opostas; às vezes, os debatedores estão tentando solucionar aspectos paralelos ou secundários de determinada ideia, embora concordem com o ponto central.

Nesse sentido, basta pensarmos nas mais distintas correntes feministas que surgiram nas últimas décadas. Embora possa haver divergências pontuais relacionadas à prostituição, à pornografia, a quais direitos das mulheres são prioritários, ou a como lidar com a questão da transexualidade, praticamente todas as correntes concordam que o grande problema a ser confrontado é o patriarcado, sua profunda influência sistêmica na sociedade e o modo como impacta a vida das mulheres.

Ou pensemos nas distintas vertentes religiosas cristãs: todas elas são monoteístas e acreditam na divindade de Jesus, em sua história de morte e ressurreição, mas podem divergir em inúmeras questões dogmáticas ou ritualísticas.

Nesses casos, o debate não é se o patriarcado existe como força de opressão histórica ou se Jesus é ou não o filho de Deus. Ele se desloca em outra direção.

O debate também pode se dar em termos de gradação, por exemplo, como ocorre no campo da esquerda política, entre reformistas e revolucionários, com os primeiros convictos de que é preciso transformar a sociedade por meio de mudanças graduais, aprimorando pouco a pouco a qualidade de vida da classe trabalhadora, enquanto os segundos supõem que apenas através de uma ruptura radical com o sistema vigente será possível haver uma real e duradoura transformação. Ambas as vertentes até concordam com o diagnóstico do problema, de que vivemos numa sociedade injusta, desigual e opressiva, em grande medida, se não essencialmente, por causa das consequências do capitalismo, mas a divergência se dá sobre o modo como lidaremos com isso. Em que direção seguir?

Inclusive, este é um excelente ponto de partida de qualquer debate honesto: que os debatedores envolvidos apresentem primeiro as suas concordâncias. Onde nos situamos nesta questão? Com o que concordamos? Isso já eliminaria um dos maiores problemas de qualquer debate: a consolidação de um solo comum de conhecimento.

Uma das maiores dificuldades de debater com negacionistas, por exemplo, é que eles simplesmente não reconhecem o método científico ou histórico como um ponto de partida para a construção da compreensão sobre o mundo. Como debater questões científicas – por exemplo, o formato da Terra ou as vacinas – com alguém que simplesmente despreza a ciência? Ou que não compreende como opera o método científico? É, de antemão, um tremendo desperdício de tempo.

Se não houver um ponto de contato, por mais tênue que seja, não me parece que um debate genuíno tenha qualquer chance de atingir um desfecho positivo.

Além disso, vale mencionar que os grandes debates teóricos da história da humanidade, como na filosofia, para citarmos uma área, não se deram com duas pessoas batendo boca uma com a outra diante de uma plateia. Embora esse modelo até apareça em alguns diálogos platônicos, no fundo, quase todo grande filósofo estava debatendo com a tradição filosófica, quando não estava confrontando algum autor específico contra o qual resolveu empunhar suas armas, o que se dava, em grande parte, por meio da escrita, da publicação de livros, de polêmicas na imprensa, de produção textual.

É evidente que o texto proporciona muitas vantagens em relação ao debate oral. Antes de tudo, você tem a possibilidade de ler e reler quantas vezes forem necessárias, para compreender o real argumento do interlocutor, e de poder redigir e editar, visando expressar do melhor modo possível as suas ideias.

Grandes escritores nem sempre são grandes oradores, e vice-versa. Aquele polemista que causa comoção ao debater diante de uma plateia nem sempre se sairia bem ao ter de respeitar o rigor do texto escrito e, não raro, verá seus recursos retóricos facilmente esvaziados desse modo. Todas aquelas técnicas oratórias, que incluem tom de voz, cadência e dinâmica, bem como a linguagem não verbal, desaparecem no texto escrito, e aí o autor terá de recorrer ao poder de seu estilo e à força de suas ideias.

E é claro que há autores muito mais talentosos e persuasivos do que outros – aqueles que recorrem à ironia, que também são capazes de mover os leitores por meio do seu texto, um meio que também tem seus recursos próprios. Há quem opte pela clareza e há aqueles que se enveredam pelo hermetismo, por jargões, por construções obscuras que podem ocultar, mas também revelar. Há linguagem técnica, científica e também literária e poética. Tudo isso tem e teve lugar no pensamento filosófico, e foi desse modo que as maiores teorias e ideias foram concebidas e moldaram o nosso mundo.

Os debates se dão de inúmeros modos, e, uma vez que compreenda como melhor se expressar e organizar seus argumentos, cabe a você também escolher em qual terreno empreenderá essa disputa, afinal de contas, cada um joga com as armas e táticas que domina.

Ninguém é obrigado a duelar em condições que lhe são desfavoráveis ou adentrar território inimigo. Nesse sentido, se o debate for encarado como uma guerra, aí não há nada que lhe impeça de adotar estratégias de guerra, almejando as condições que lhe deem vantagens competitivas. Em grande medida, este é o fundamento de Schopenhauer ao escrever sobre o tema: se o debate for entendido como luta, vá preparado para matar ou morrer.

Entretanto, se o seu objetivo for a construção do conhecimento racional, então o jogo e as práticas serão bastante diferentes.

Por isso me despeço de você com este convite: adote uma postura ética antes, durante e depois de um debate, com a qual todos ganham. Essa é a real vitória.

Referências

AIKIN, Scott F. Tu Quoque Arguments and the Significance of Hypocrisy, *Informal Logic*, v. 28, n. 2, 2008.

AIKIN, Scott F.; CASEY, John P. Bothsiderism, *Argumentation*, Springer, 2022.

ARISTÓTELES. *Sophistical Refutations*. London: Heinemann, 1955. (Loeb Classical Library.)

ARISTÓTELES. *Nicomachean Ethics*. London: Heinemann, 1934. (Loeb Classical Library.)

AQUECIMENTO global - polêmica da semana. 2018. Publicado pelo canal Porta dos Fundos. Vídeo (4 min.). Disponível em: https://www.youtube.com/watch?v=LybaM4zgHC8. Acesso em: 30 maio 2022.

As 95 teses ou disputação do doutor Martinho Lutero sobre o poder e eficácia das indulgências. *O almanach protestante*, 31 out. 2017. Disponível em: https://sphp.pt/as-95-teses-ou-disputacao-do-doutor-martinho-lutero-sobre-o-poder-e-eficacia-das-indulgencias. Acesso em: 30 maio 2022.

BORDES SOLANAS, Montserrat. *Las Trampas de Circe*: Falacias Lógicas y Argumentación Informal. Madrid: Cátedra, 2011.

BRISSON, Janie; MARKOVITS, Henry; ROBERT, Serge *et al*. Reasoning from an Incompatibility: False Dilemma Fallacies and Content Effects. *Mem. Cogn.*, v. 46, p. 657-670, 2018.

CATECISMO da Igreja Católica. Vaticano. Disponível em: https://www.vatican.va/archive/cathechism_po/index_new/prima-pagina-cic_po.html. Acesso em: 22 maio 2022.

COLEMAN, Edwin. There Is no Fallacy of Arguing from Authority. *Informal Logic*, v. 17, n. 3, 1995.

DA EMPOLI, Giuliano. *Os engenheiros do caos*: como as fake news, as teorias da conspiração e os algoritmos estão sendo utilizados para disseminar ódio, medo e influenciar eleições. São Paulo: Vestígio, 2019.

DAMER, T. E. *Attacking Faulty Reasoning*. Belmont: Wadsworth Thomson Learning, 2001.

ENCYCLOPAEDIA Galactica. Episódio 12 (60 min.). *In*: COSMOS: A Personal Voyager. Roteiro: Carl Sagan, Ann Druyan e Steven Soter. Apresentação: Carl Sagan. Estados Unidos: KCET: Public Broadcasting Service, 1980. Série de televisão.

FISHER, Max; TAUB, Amanda. How YouTube Radicalized Brazil, *The New York Times*, 11 ago. 2019. Disponível em: https://www.nytimes.com/2019/08/11/world/americas/youtube-brazil.html. Acesso em: 30 maio 2022.

GALTUNG, Johan. Cultural Violence. *Journal of Peace Research*, v. 27, n. 3, p. 291-305, 1990.

GANDHI, R. T.; LYNCH, J. B.; DEL RIO, C. Mild or moderate Covid-19. *The N. Engl. J. Med.*, v. 383, n. 18, p. 1757-1766, 2020.

GOODWIN, Jean; MCKERROW, Raymie. Accounting for the Force of the Appeal to Authority. OSSA *Conference Archive*, v. 9, 2011.

GOUGH, Jim. Does an Appeal to Tradition Rest on Mistaken Reasoning? OSSA *Conference Archive*, v. 3, 1999.

GOUGH, James E.; DANIEL, Mano. The Fallacy of Composition. *OSSA Conference Archive*, v. 8, 2009.

GOVIER, Trudy. Worries About Tu Quoque as a Fallacy. *Informal Logic*, v. 3, n. 3, 1984.

GRAHAM, Paul. *How to Disagree*, mar. 2008. Disponível em: http://www.paulgraham.com/disagree.html. Acesso em: 30 maio 2022.

GREEN, Elliott. *What Are the Most-Cited Publications in the Social Sciences (According to Google Scholar)?* 12 maio 2016. Disponível em: https://blogs.lse.ac.uk/impactofsocialsciences/2016/05/12/what-are-the-most-cited-publications-in-the-social-sciences-according-to-google-scholar/. Acesso em: 30 maio 2022.

HABERMAS, Jürgen. *O discurso filosófico da modernidade*. São Paulo: Martins Fontes, 2000.

HEINRICHS, Jay. *Thank You for Arguing, What Aristotle, Lincoln, and Homer Simpson Can Teach Us about the Art of Persuasion*. New York: Three Rivers Press, 2007.

HINMAN, Lawrence. The Case for Ad Hominem Arguments. *Australasian Journal of Philosophy*, v. 60, n. 4, p. 338-345, 1982.

HUTTON, Christopher. Semantics and the 'Etymological Fallacy' Fallacy *Language Sciences*, v. 20, n. 2, p. 189-200, 1998.

JASON, Gary James. The Nature of the Argumentum ad baculum, *Philosophia*, v. 17, 1987.

JOST, John; KRUGLANSKI, Arie W.; GLASER, Jack Glaser; SULLOWAY, Frank J. Political Conservatism as Motivated Social Cognition. *Psychological Bulletin*, v. 129, n. 3, p. 339-375, 2003.

KAHNEMAN, Daniel. *Rápido e devagar*: duas formas de pensar. Rio de Janeiro: Objetiva, 2012.

KING JR., Martin Luther. *Letter from Birmingham Jail*, ago. 1963. Disponível em: https://www.csuchico.edu/iege/_assets/documents/susi-letter-from-birmingham-jail.pdf. Acesso em: 30 maio 2022.

Krabbe, Erik C. W.; Walton, Douglas. It's All Very Well for You to Talk! Situationally Disqualifying Ad Hominem Attacks. *Informal Logic*, v. 15, n. 2, 1993.

Lakoff, George. *Don't Think of an Elephant! Know your Values and Frame the Debate. The Essential Guide for Progressives*. Chelsea: Chelsea Green Publishing, 2004.

Lommi, Sebastiano. Causal and Epistemic Relevance in Appeals to Authority. *Rivista Italiana di Filosofia Analytica Junior*, v. 6, n. 1, 2015.

Lynas, Mark; Houlton, Benjamin Z.; Perry, Simon. Greater than 99% Consensus on Human Caused Climate Change in the Peer-Reviewed Scientific Literature. *Environ. Res. Let.*, v. 16, 2021.

McIntyre, Lee. *The Scientific Attitude. Defending Science from Denial, Fraud, and Pseudoscience*. Cambridge: MIT Press, 2019.

Mizrahi, Moti. Why Arguments from Expert Opinion Are Weak Arguments. *Informal Logic*, v. 33, n. 1, 2013.

Nicoletti, Gianluca. Umberto Eco: "Con i social parola a legioni di imbecilli", *La Stampa*, 15 jun. 2015. Disponível em: https://www.lastampa.it/cultura/2015/06/11/news/umberto-eco-con-i-social-parola-a-legioni-di-imbecilli-1.35250428. Acesso em: 30 maio 2022.

Of york, Alcuin. *Works*, v. 1, 1863.

O manual da "alt-right": introdução. 2017. Publicado pelo canal Innuendo Studios. Vídeo (7 min). Disponível em: https://www.youtube.com/watch?v=4xGawJIseNY. Acesso em: 30 maio 2022.

Pew Research Center. *The Global Religious Landscape*, 18 dez. 2012. Disponível em: https://www.pewforum.org/2012/12/18/global-religious-landscape-exec. Acesso em: 30 maio 2022.

Platão. *Protágoras*. Tradução: Carlos Alberto Nunes. Belém: Editora da Universidade do Pará, 2002.

REDUÇÃO da maioridade penal - polêmica da semana. 2018. Publicado pelo canal Porta dos Fundos. Vídeo (3 min.). Disponível em: https://www.youtube.com/watch?v=SIIOc7f2jlA. Acesso em: 30 maio 2022.

SAGAN, Carl. *O mundo assombrado por demônios*. São Paulo: Companhia de Bolso, 2006.

SAUSSURE, Louis de. The Straw Man Fallacy as a Prestige-Gaining Device. In: OSWALD, Steve et al. (eds.). *Argumentation and Language-Linguistic, Cognitive and Discursive Explorations*. Springer International Publishing AG, 2018. (Argumentation Library 32.)

SCHOPENHAUER, Arthur. *38 estratégias para vencer qualquer debate*: a arte de ter razão. Tradução: Camila Werner. São Paulo: Faro Editorial, 2014.

SCHUMMER, Joachim. On the Novelty of Nanotechnology: A Philosophical Essay. In: CUTTER, A. M.; GORDIAN, B. (eds.). *In Pursuit of Nano Ethics*. Springer, 2008.

STRAUSS, Leo. *Natural Right and History*. Chicago: University of Chicago Press, 1965 [1953].

TESICH, Steve. A Government of Lies. *The Nation*, 1992.

VACINA - polêmica da semana. 2018. Publicado pelo canal Porta dos Fundos. Vídeo (4 min.). Disponível em: https://www.youtube.com/watch?v=dZVPiR8fJB8. Acesso em: 30 maio 2022.

WALTON, Douglas. *Fundamentals of Critical Argumentation*. New York: Cambridge University Press, 2006.

WALTON, Douglas. The Ad Hominem Argument as an Informal Fallacy. *Argumentation*, v. 1, n. 3, p. 317-331, 1987.

WALTON, Douglas. The Appeal to Ignorance, or Argumentum Ad Ignorantiam. *Argumentation*, v. 13, n. 4, p. 367-377, 1999.

WALTON, Douglas. The Basic Slippery Slope Argument. *Informal Logic*, v. 35, n. 3, p. 273-311, 2015.

WALTON, Douglas. *The Place of Emotion in Argument*. Philadelphia: The Pennsylvania University Press, 1992.

WALTON, Douglas. The Straw Man Fallacy. *In*: VAN BENTHAM, J. F. A. K. (ed.). *Logic and Argumentation*. Amsterdam: North-Holland, 1996, p. 115-128.

WALTON, Douglas. Why Is The Ad Populum A Fallacy? *Philosophy and Rhetoric*, v. 13, n. 4, 1980.

WALTON, Douglas; KOSZOWY, Marcin. Arguments from Authority and Expert Opinion in Computational Argumentation Systems. AI & SOCIETY, v. 32, n. 4, 2017.

WARD, Andrew. The Value of Genetic Fallacies. *Informal Logic*, v. 30, n. 1, p. 1-33, 2010.

WHEEN, Francis. *Karl Marx, a Life*. New York: W. W. Norton & Company, 2001, p. 97.

WOODS, J.; WALTON, D. Post Hoc, Ergo Propter Hoc. *The Review of Metaphysics*, v. 30, n. 4, p. 569-593, 1977.

**Acreditamos
nos livros**

Este livro foi composto em Bembo e Adobe Jenson Pro e impresso pela Geográfica para a Editora Planeta do Brasil em junho de 2022.